100 HISTÓRIAS QUE GOSTO DE CONTAR

BRUNO ANDRADE

© 2024 – Bruno Andrade

Todos os direitos reservados. Nenhuma parte deste livro pode ser utilizada, reproduzida ou armazenada em qualquer forma ou meio, seja mecânico ou eletrônico, fotocópia, gravação etc. Sem autorização escrita dos editores

Todos os direitos reservados em Português para:
Bruno Andrade
140 North Avenue,
Bridgeport, CT, USA
06606

Editor Responsável:
Bruno Andrade
Revisão:
Ariane Dias Chaves
Capa:
Ariane Dias Chaves
Diagramação:
Joyce Reis Andrade

Insta: @prbrunoandrade — Insta: @edificandovidas_online
Site: www.edificandovidas.online

Andrade, Bruno
100 Histórias que gosto de contar | Bruno Andrade

ISBN: 9798327059023
As citações bíblicas foram extraídas da versão brasileira:
A Bíblia Sagrada (antigo e Novo Testamento), Traduzida em português por João Ferreira de Almeida, revista e atualizada. Nova Versão Internacional (NVI).

Índices para catálogo sistemático:
1. Cristianismo
2. História
3. Literatura devocional

100 HISTÓRIAS QUE GOSTO DE CONTAR

BRUNO ANDRADE

SUMÁRIO

1. Deitado em cima de uma granada
2. Não comecei, mas vou terminar a corrida!
3. O rosto lindo do meu Jesus!
4. Renuncie a sua fé ou morra!
5. F. B. Meyer X Spurgeon
6. Sou feliz, com Jesus
7. Jesus se importa com as mulheres
8. Pequenos pecados
9. Palha e circo
10. Guerra por causa de um porco
11. Coração insaciável
12. Termômetro
13. Aborto
14. Confiança
15. A ciência tem respostas?
16. Deo gratias
17. Hittler quase morreu afogado
18. Porque Ele vive posso crer no amanhã
19. Rejeitando o filho
20. Amigos íntimos
21. Um pé de maçã
22. A-leluia A-leluia.
23. Amazon revelando a nossa ansiedade
24. Quanto custa o taco de golfe de John Kennedy
25. Carregando pedras
26. Sem freio!
27. Os mosquitos estão dançando
28. Pare de olhar na toalha da mesa
29. O homem mais lento do mundo
30. Assistindo pornografia
31. Gambá dentro de casa
32. Perdoada

33. Conquistando o mundo, mas seduzido pelos prazeres
34. Andamos por fé, não por vista
35. Queime os navios!
36. Frustrações missionárias
37. Alexandre me deu dinheiro
38. O fim de Daniel Berg
39. Picando uma águia e caindo como um corvo
40. Avivamento em Asbury
41. Quem orou por mim terça-feira?
42. Uma luz em Bridgeport
43. Billy Graham de braços abertos
44. Formiga com lente de contato
45. Quero contar experiências missionárias
46. Salvos por um mergulho
47. Sistema de aquecimento
48. O paralítico disse: quero ser cheio do Espírito
49. A eternidade me assusta
50. Os avós de Elon Musk
51. Não vou usar maquiagem
52. Avivamento em Gales
53. Casamento
54. A janela
55. Ofensa
56. Jumentinho
57. Sempre terão os pobres
58. Joia perdida
59. Liberte o tubarão
60. Poderia ser eu
61. Já chorou?
62. O meu corpo não aguenta mais
63. Não esqueça quem você é
64. Eu sou o problema
65. Domesticado
66. Proteção divina
67. Ele vai embora

68. A hora de mudar
69. Não quero mais!
70. A bíblia diz
71. Obturação
72. Fazendo a diferença no elevador
73. 11 de Setembro
74. Você morrerá de sede
75. Revolução Francesa
76. Espírito de Jezabel
77. George Müller
78. Inquietação
79. Vivendo de resto
80. O pastor veio me visitar, eu vou morrer
81. Falar é fácil, duro é viver
82. Nosso sucesso é porque seguimos este livro à risca
83. Como um boi que vai para o matadouro
84. Salvo pela bolha no pé
85. Cuidado com os velhos debates
86. Tem uma bomba no avião
87. Deixei o menino afogar
88. Estou com dor de dente, mas não vou falar nada
89. Aposentados na África
90. Orgulho no Polo Norte
91. A minha língua grande
92. É tempo de enfrentar o Nazismo
93. O meu pai não matou Judeus
94. Não seja tolo
95. Pendurados na parede
96. O canadense será meu substituto
97. O filho do policial será meu substituto
98. Vou sentar na frente
99. Nem toda porta aberta é para você entrar
100. O fim!

APRESENTAÇÃO

Grandes histórias nos levam aos lugares escondidos da nossa imaginação inexplorada. Elas têm a capacidade de tocar algo profundo dentro de nós. O próprio Deus ama histórias, a bíblica é cheia de histórias épicas de aventura, intrigas, guerras e amor. Nos sermões de Jesus, Ele sempre contava parábolas, elas abriam a mente dos ouvintes e marcavam os corações com suas lindas aplicações. O escritor aos Hebreus, no capítulo 11, nos encoraja a aprendermos mais sobre as histórias bíblicas, ele cita nome após nome, para lembrarmos de como os personagens do passado podem nos inspirar hoje.

Nas minhas leituras de livros, revistas e até sermões antigos, venho sempre rabiscando as páginas ao ler uma boa história, sem falar das inúmeras viagens missionárias e conversas ao redor de mesas por esse mundo afora. Com isso, sempre fui anotando e contando nos meus sermões. Resumindo, escolhi as 100 melhores histórias para essa coleção. São histórias incríveis sobre pessoas reais como você e eu. Essas pessoas viveram em todas as épocas e vieram de todas as classes sociais. Também vamos descobrir que não existem pessoas pequenas, lugares pequenos ou encontros sem importância. Algumas dessas histórias irão despertar sua imaginação. Outras irão pegá-lo de surpresa ao descobrir coisas incríveis sobre pessoas que você nem pensava conhecer. Em cada uma delas você verá as verdades de Deus ilustradas das formas mais inesperadas.

Espero que essas histórias informem, inspirem e transformem você tanto quanto elas me transformaram. Acima de tudo, espero que isso te inspire a contar sua própria história, não importa quão dramática ou simples seja, sua história pode inspirar muita gente!

Bruno Andrade
Bridgeport, CT, USA
2024

1. DEITADO EM CIMA DE UMA GRANADA

"O meu mandamento é este: Amem-se uns aos outros como eu os amei." Jo 15:12

Durante a Segunda Guerra Mundial, o desejo de fazer parte crescia no coração de muitos. Nos Estados Unidos, quando um jovem não podia se alistar para o exército, devido à alguma deficiência física, a tristeza era enorme, inclusive alguns até cometiam suicídios por isso. Numa daquelas pequenas cidades do Sul dos Estados Unidos, um jovenzinho chamado Jacklyn H. Lucas, de apenas 14 anos, queria de toda maneira entrar para o exército, mas na sua idade não era permitido. Todavia, com sua robustez física, conseguiu enganar os oficias e entrou para o Exército Americano.

Certo dia, no auge da Guerra, pelejando na linha de frente da batalha contra o Japão, os adversários lançaram uma granada em seus pés. Jack teve tempo de chutá-la para longe, mas poucos instantes depois jogaram uma segunda granada. Ele sabia que não teria tempo de chutar novamente, nem lançar com as mãos para longe, com isso, ele decidiu deitar em cima da granada para abafar a explosão e proteger seus companheiros. Deitado, com adrenalina a mil, pensou: "Morri!". A granada explodiu!

Após a explosão, pegaram seu corpo e levaram até o navio ambulatório. Ali, ele enfrentou 21 cirurgias. O processo foi longo. Quando tudo encerrou, o médico disse: "Jack Lucas é muito novo e muito forte para morrer, por isso ele resistiu."

Quando o questionaram sobre sua atitude, ele respondeu: "Se eu não pulo, todos morreriam, eu pulando, somente eu morreria."

Jack Lucas sonhava com a linha de frente para proteger sua nação, ele estava disposto a pular em cima de uma granada para proteger seus amigos, mas nos dias atuais, os valores se inverteram, pois deliramos com a linha de frente para obter benefícios próprios. É mais fácil colocar a granada debaixo do travesseiro do "amigo", do que pular em cima para protegê-lo.

O ego do ser humano luta por destaque, seja nas pequenas conversas, nos mínimos detalhes ou no meio da multidão. Somos tão tolos pela satisfação pessoal, que nos orgulhamos pelo elogio vindo de um outro tolo. Jamais sacrificamos algo nosso pelo bem-estar de um conhecido, isso se chama orgulho!

C.S. Lewis disse: "O orgulho é a galinha sob a qual todos os outros pecados são chocados." Como precisamos de homens como Jack Lucas!

2. NÃO COMECEI, MAS VOU TERMINAR A CORRIDA!

"E, se alguém também milita, não será coroado se não militar legitimamente." 2 Tm 2:5

Paulo, ao escrever para Timóteo, usa o exemplo da vida de um soldado, de um lavrador e de um atleta. Ele enfatiza que a nossa vida é uma guerra. Ou seja: devemos ter o foco de um soldado. A dedicação de um atleta. O cuidado e zelo de um lavrador.

O segredo também não é apenas militar, mas militar legitimamente. A tradução da Nova Versão Internacional (NVI), diz: *"...nenhum atleta é coroado como vencedor se não competir de acordo com as regras."* Querendo ou não, existem regras e princípios a serem seguidos. Não vivemos de acordo com a nossa opinião, mas segundo os princípios bíblicos.

Na maratona feminina de Boston, em 1980, aconteceu algo interessante. A imprensa estava concentrada nas atletas. Deu-se a largada da competição e, durante mais de 20 milhas, eles estavam focados nas primeiras atletas. Acontece que, quando chegou a primeira vencedora da maratona, viu-se que não era quem eles esperavam. Mas, enfim, havia chegado a primeira colocada. Era uma mulher, chamada Rosie Ruiz, a vencedora da maratona de Boston daquele ano.

Contudo, os jornalistas acharam estranho, pois eles não se lembraram dela durante a corrida. Na verdade, somente perceberam a sua presença já na última milha e, também, que ela não tinha um corpo atlético, de uma atleta profissional. Afinal, tratava-se da maratona de Boston, uma das mais difíceis do mundo.

Foram pesquisar em qual posição Rosie Ruiz havia se classificado na maratona de Boston. Para se classificar, a atleta tinha de correr a maratona de New York e ficar entre as primeiras colocadas. Eles perceberam algo nas imagens de New York: Rosie Ruiz havia iniciado a corrida, mas, de repente, ela desapareceu. Pegou o metrô na rua detrás, parou em uma loja, tomou um suco, sentou... depois, entrou no final da corrida e ficou entre as primeiras colocadas.

Em Boston, ela fez diferente, nem começou a corrida. Ela apenas entrou na última milha e ganhou! Estamos falando de uma época de poucas imagens e câmeras. Se fosse hoje, com todos os aparelhos celulares gravando, não seria possível. O problema de Rossie Ruiz é que até o fim da sua vida ela afirmava que tinha, sim, vencido a maratona de 1980.

Lembre-se das palavras de Paulo: *"...nenhum atleta é coroado como vencedor se não competir de acordo com as regras."*

3. O ROSTO LINDO DO MEU JESUS!

"Amados, agora somos filhos de Deus, e ainda não se manifestou o que havemos de ser, todavia, sabemos que quando Ele se manifestar, seremos semelhantes a Ele, pois o veremos como Ele é." 1 Jo 3:2

Frances Jane Van Alstyne, mais conhecida como Fanny Crosby, que viveu de 1820 a 1915 é considerada até hoje umas das maiores compositoras evangélicas de todos os tempos, com mais de 8 mil composições e cerca de 100 milhões de cópias impressas. Crosby era conhecida como a "rainha da composição evangélica".

Com apenas seis semanas de vida, Fanny ficou gripada e os olhos inflamados. O clínico geral estava fora da cidade e outro médico foi chamado para tratar de Fanny. Ele receitou cataplasmas de mostarda quente e o efeito foi desastroso, pois deixou a menina cega pelo resto da vida. Porém, o temperamento de Fanny era dócil e ela nunca se revoltou com sua condição. Pelo contrário, mesmo que seus olhos físicos nada enxergassem, seus olhos espirituais a auxiliaram durante toda a sua vida, pois é preciso possuir olhos de fé!

Ela escreveu composições como:

Título: Ao pé da cruz
"Quero estar ao pé da cruz
Que tão rica fonte!
Corre franca, salutar
De Sião no monte
Sim na cruz, sim na cruz
Sempre me glorio!

E por fim, descansarei
Salvo, além do rio"

Título: Que Segurança! Sou de Jesus!
"Que segurança! Sou de Jesus!
Eu já desfruto as bênçãos da luz.
Sou por Jesus herdeiro de Deus;
Ele me leva à glória dos céus.

Canta, minha alma! Canta ao Senhor!
Rende-lhe sempre ardente louvor!
Canta, minha alma! Canta ao Senhor!
Rende-lhe sempre ardente louvor!"

Perguntaram a Fanny Crosby: "Como você tem tanta inspiração para compor?", ela respondeu: "Preciso estar com olhos espirituais abertos. Não tenho tempo para me preocupar com outras coisas, beleza, roupas, passeio. Meu foco é estar conectada com o meu Jesus."

Depois lhe perguntaram: "Se chegar um médico com uma nova medicina e disser que tem chances de você voltar a enxergar, o que você diria?" Ela respondeu: "Não doutor, muito obrigado. Eu já tenho 86 anos de idade e o tempo da minha partida está chegando. A minha certeza é que a primeira coisa que eu vou ver é o rosto lindo do meu Jesus quando me receber na eternidade!"

Fanny Crosby foi enterrada em Bridgeport, Connecticut, USA. Cidade onde resido com minha família há mais de 25 anos.

4. RENUNCIE A SUA FÉ OU MORRA!

"Mas receberão poder quando o Espírito Santo descer sobre vocês, e serão minhas testemunhas em Jerusalém, em toda a Judéia e Samaria, e até os confins da terra."

At 1:8

A palavra testemunha designa aquele que está disposto a dar sua vida em prol do Evangelho. Significa que a pessoa foi tão confrontada, transformada e mudada pelo Evangelho, que está disposta a se entregar pela causa do Reino.

É como a história de um grupo de evangélicos, na Rússia, muitos anos atrás. Alguns grupos serviam a Deus escondidos. Eles entravam em uma casa e, ali, fechavam janelas, portas, cantavam bem baixinho e o Espírito de Deus se movia.

Certa vez, um grupo de homens armados entrou em uma dessas casas vestido com roupas militares. Eles apontaram as armas e disseram: "Coloquem as mãos na parede". Os cristãos, então, levantaram-se e colocara as mãos na parede.

Eles continuaram gritando: "Agora, quem quiser renunciar a sua fé, saia rápido daqui e nunca mais volte". Duas ou três pessoas saíram na hora.

Eles gritaram mais uma vez: "Vamos dar uma última chance: saiam daqui agora!". E mais algumas pessoas saíram.

Então, os soldados disseram: "Podem abaixar as mãos, nós também somos cristãos. Algum tempo atrás, fomos prender um grupo em outro culto e acabamos nos convertendo."

Uma pessoa do grupo questionou: "Mas por que vocês fizeram isso? Expulsaram pessoas?"

Eles responderam: "Aprendemos que se alguém não está disposto a morrer por sua fé, não merece confiança."

5. F.B. MEYER X SPURGEON

"Vocês ouviram o que foi dito: 'Ame o seu próximo e odeie o seu inimigo'. Mas eu lhes digo: Amem os seus inimigos e orem por aqueles que os perseguem."
Mt 5:43-44

F.B. Meyer foi um grande pregador, mas ele sofria com a inveja em seu coração. Meyer pastoreava uma Igreja próxima à Igreja de um dos maiores pregadores de todos os tempos, Charles Haddon Spurgeon. Imagine, você pastorear perto de Spurgeon?! Meyer se esforçava, estudava bastante para ter bons sermões, mas chegava a hora do culto e via várias carroças passando em frente sua Igreja em direção à Igreja do Spurgeon.

Posteriormente, mais velho, quando atingiria o sucesso, aparece outro grande pregador que o ofusca novamente. O pregador era Campbell Morgan. Quando acontecia alguma conferência, todos queriam ouvir Morgan, mas quando chegava a hora de Meyer ministrar, o povo ia embora.
Na luta, novamente, contra a inveja dentro de si, Meyer resolveu orar por Campbell Morgan. Sim. Isso mesmo! Ele disse: "Vou vencer orando por ele!" Pelas ruas o povo dizia: "Ouvir Morgan pregar é sobrenatural!" Mas o interior de Meyer já estava sendo transformado pelo poder da oração. Ele dizia: "Estou orando por ele!" A igreja de Morgan lotou tanto, muitas pessoas foram salvas. Mas a Igreja de Meyer também encheu! As duas encheram!

Que linda lição! Devemos tomar cuidado com o nosso coração. Não foi à toa que Jesus mandou abençoar os nossos inimigos. Se soubéssemos quantas bênçãos na alma viriam com isso, agiríamos assim com mais frequência. Ore para que inveja não tire a sua paz. Ore para que o espírito de competição não destrua as bênçãos que Deus tem para sua vida!

6. SOU FELIZ, COM JESUS

"Se, pois, o Filho vos libertar, verdadeiramente sereis livres." Jo 8:36

Guarde este nome: Horatio Gates Spafford. Este homem é uma prova do que é ser livre. Observe os dilemas em sua vida. **Primeiro sofrimento**: Ele fez um grande investimento no mercado imobiliário da cidade de Chicago, mas foi exatamente lá, onde ele aplicou seus recursos, que ocorreu o famoso incêndio de 1871. **Segundo sofrimento:** O seu único filho homem morreu e isso feriu muito o seu coração. **Terceiro sofrimento:** Ele resolveu mandar a família para fazer uma viagem a Londres e encontrar seu amigo, o pregador D. L. Moody. Horatio não pôde ir junto por conta de seus negócios e resolveu mandar a esposa e as filhas na frente. No meio do caminho, dia 22 de novembro de 1873, o navio afundou. Suas quatro filhas morreram.

A esposa chegou em Londres e mandou um telegrama: "Estou salva, mas somente eu."

Ele, então, pegou um navio e foi até Londres. No meio do caminho alguém comentou: "Estamos navegando justamente onde o navio afundou dias atrás." Mas ao sentir o abraço do Espírito Santo, ele foi inspirado a escrever a linda canção:

Se paz a mais doce me deres gozar
Se dor a mais forte sofrer,
Oh! Seja o que for, Tu me fazes saber
Que feliz com Jesus sempre sou!

Sou feliz, com Jesus,
Sou feliz, com Jesus, meu Senhor!

Embora me assalte o cruel Satanás
E ataque com vis tentações;
Oh! Certo eu estou, apesar de aflições,
Que feliz eu serei com Jesus!(...)

Vivemos a época mais caótica da história. Quando olhamos para os lados, somente vemos problemas. Vemos com clareza a maldade dentro do homem. Ganância, ego, crueldade e conflitos internos na alma do ser humano, como depressão, ansiedade e estresse. Muitos estão acorrentados ao passado, devido a problemas, fracassos e frustrações que estão esmagando gerações. Muitos sem esperança, acreditando que tudo acabou, que não há motivos para viver. Anualmente, são gastos bilhões de dólares em pílulas e mais pílulas com objetivo de aniquilar ou, ao menos, acalmar os sentimentos angustiantes e tormentosos desta geração.

Todavia, lembre-se das palavras de Jesus: "*a minha paz vos dou, não como o mundo a dá!*". Viver ansiosamente é uma escravidão. A grande questão é esta: será que podemos ser livres das inúmeras coisas que nos aprisionam? Deixe-me abrir o leque: não importa quem você é, de onde veio ou há quantos anos está enclausurado nos seus traumas. O que importa é que Jesus é o grande libertador e Ele pode libertá-lo hoje. Neste momento!

Você pode até ter chegado com um pé na porta do inferno, mas as mãos de Cristo são longas e se esticam o quanto for preciso para tirá-lo de lá. Eu tenho certeza que em Jesus você encontrará forças para viver essa letra: *Sou feliz com Jesus, Sou feliz com Jesus, meu Senhor!*

7. JESUS SE IMPORTA COM AS MULHERES

"Em verdade vos digo que, em todas as partes do mundo onde este evangelho for pregado, também o que ela fez será contado para sua memória." Mc 14:9

Jesus não transformou a sua vida apenas para o seu próprio bem, mas para que os princípios estabelecidos dentro de você causem impacto na sociedade e, com isso, você se torne canal de bênção a outros. Você sabia que a vida e os ensinamentos de Jesus mudaram vidas de crianças e mulheres? Antes da influência do cristianismo pelo mundo, as mulheres eram desprezadas. Culturas antigas que dominavam consideravam a mulher como propriedade do homem. Nações como Índia, China, Roma e Grécia, por exemplo, acreditavam que as mulheres não podiam ser independentes, porque não tinham inteligência para isso. Quer uma prova disso? Preste atenção o que os maiores filósofos da época diziam:

Aristóteles afirmava: "A mulher está entre um homem livre e um escravo. Ou seja, ela não é nem livre e nem uma escrava, ela está no meio."

Platão disse: "Se o homem viver uma vida covarde, ele vai se reencarnar como uma mulher. E se uma mulher for covarde, ela vai se reencarnar como um passarinho."

Na Índia, quando o marido morria, as mulheres eram queimadas vivas ao lado do corpo dele – mesmo que ela ainda estivesse saudável e ativa. Era um costume conhecido como "boa mulher", pois, se a mulher era realmente boa, deveria então morrer ao lado do seu marido.

O mais assustador é que o movimento feminista critica o cristianismo, quando, na verdade, Jesus sempre valorizou a mulher. Jesus falava muito bem das mulheres.

Jesus disse sobre a mulher que derramou perfume sobre ele: *"Aonde este evangelho for pregado, esta mulher vai ser lembrada."*

David Yonggi Cho, pastor da Coreia do Sul, estava orando e fazendo um pedido a Deus. Ele dizia: "Dê-me uma estratégia para ganhar minha cidade". Jesus então lhe respondeu: "Use as mulheres". Ele replicou: "Mas as mulheres não têm voz em meu país. Não vai dar certo..."

Cristo contestou em seu coração:
"De quem eu nasci? *Das mulheres!*"
"Quem me amamentou? *As mulheres!*"
"Quem me ensinou a andar? *As mulheres!*"
"Quem estava ao pé da cruz quando todos me abandonaram? *As mulheres!*"
"Quem foi que lavou o meu corpo? *As mulheres!*"
"A quem os anjos disseram: 'Ele vive! Vá e anuncie a todos?' *Às mulheres!*"

Mulheres, sem Jesus estariam perdidas. Mulheres, sem Jesus seriam maltratadas, enganadas e mortas pelo mundo. Mulheres, nunca deixem teólogos opressores dizerem que vocês não podem ser usadas por Deus. Vocês são instrumentos vivos nas mãos do Senhor!

8. PEQUENOS PECADOS

"O prudente percebe o perigo e busca refúgio; o inexperiente segue adiante e sofre as conseqüências."

Pv 22:3

Um escocês estava preparando algumas coisas para levar em sua viajem à Austrália e, então, decidiu colocar na bagagem algumas sementes de uma planta chamada cardo. Ao chegar na Austrália, os oficiais perguntaram o que era aquilo e por que aquelas poucas sementes. O cidadão respondeu: "Essa planta dá muito em meu país e eu a amo; são apenas umas poucas sementes que desejo plantar aqui." Os oficiais não deram a mínima e simplesmente trataram como algo inofensivo.

Com o tempo, aquelas poucas sementes se espalharam por todo o território australiano. Não havia distrito algum daquele lindo país que não tivesse o cardo. O mal disso tudo é que os cardos causam problemas para a agricultura. Isso trouxe um enorme prejuízo para toda a nação. Se aqueles oficias da alfândega tivessem tratado aquelas poucas sementes como algo sério, certamente evitariam um enorme prejuízo. Para ser bem sincero, era melhor aquele navio que levava aquelas poucas sementes ter naufragado do que ter chegado ao território australiano.

Assim somos nós com os nossos pecadinhos. Não percebemos que eles vão nos destruindo lentamente. O pecado machuca, afasta de Deus, causa morte física, espiritual e até morte eterna.

O pecadinho é igual uma pedrinha no sapato. Incomoda, te impede de avançar, te impede de ir além. Se nós tolerarmos, o pecado será como as gotas de veneno da velha serpente penetrando em nossas veias. Não tenha dúvida: isso será fatal. Alguém pode até dizer que um pouquinho de veneno não faz mal, mas só uma gotinha leva à morte.

Joseph Parker disse assim: "Aquele que prega arrependimento está se colocando contra este século, e enquanto insistir nisso será impiedosamente atacado pela geração cuja fraqueza moral aponta." Ser contra e lutar contra os pecadinhos é ir na contramão da nossa sociedade, que vive na lama mais profunda do pecado.

9. PALHA E CIRCO

"Ele me faz repousar em pastos verdejantes."
Sl 23:2

Há uma história antiga dos dias de glória de Roma, que conta a respeito de alguns países ao Norte da África que estavam padecendo de fome. Certa vez, quando a população avistara ao longe, navios vindos de Roma, jubilaram-se, pois, a comida do grande imperador César estava chegando. No entanto, dentro do navio havia apenas palha e um circo que eles montariam na África. Estavam com fome, mas receberam a palha. Estavam com fome, mas receberiam o entretenimento.

A minha geração está igual. Quer alimento, mas tem de se contentar com palha. A minha geração quer sustância, mas se contenta com o entretenimento dentro da Igreja.

Paulo, em carta aos Colossenses, escreve sobre as vãs filosofias. O apóstolo nos adverte quanto ao cuidado com pessoas que tentam distrair-nos com palavras complicadas e intelectualismo profundo, mas ao mesmo tempo vazio. Para conhecer Cristo, não é necessário um telescópio, microscópio ou horóscopo. É notável que o universo é infindável, mas absolutamente vazio sem Jesus. Paulo fala sobre a diferença entre as filosofias de seu tempo, do verdadeiro alimento espiritual. Hoje não é diferente.

Quando você está entre muitas pessoas, recebe muitas opiniões. Todos têm direito a suas próprias opiniões, todavia, nem toda opinião é uma verdade. Há uma diferença entre opinião e verdade. O problema surge quando pensamos que nossa opinião é a verdade. O que significa "verdade"? A verdade é verdade em todos os momentos, em todos os lugares. Não pode ser uma verdade americana, verdade europeia, verdade democrática ou republicana, verdade esquerda ou verdade direita. A verdade é a verdade em todos os lugares e em todos os momentos. As opiniões têm uma data de validade, mas a verdade nunca expirará.

E a verdade é: precisamos de pastos verdejantes. Precisamos da palavra de Deus como alimento diário para a nossa alma. Imagine se todos fossemos leitores e praticantes da Bíblia, o mundo seria outro.

É catastrófico quando pensamos que nossa opinião é a verdade e não nos dispomos a ver da maneira de Deus, da maneira bíblica. O que precisamos não é de uma religião que esteja certa e faça com que eu esteja certo também, mas que esteja certa quando estivermos errados.

10. GUERRA POR CAUSA DE UM PORCO

"O tolo dá vazão à sua ira, mas o sábio domina-se."
Pv 29:11

Em 1846, ocorreu um conflito entre os americanos e britânicos na divisa entre o que hoje é conhecido como Canadá e Estados Unidos. O clima já estava quente por vários motivos, mas tudo piorou por causa de um porco. Sim! Um animal, um suíno! Aconteceu que um porco saiu de uma fazenda, no território britânico (hoje canadense), e atravessou a fronteira, onde passou a arrancar batatas em uma fazenda do território dos norte-americanos. Quando o proprietário viu aquilo, ficou irado e deu um tiro no porco. Aí, os ânimos ficaram mesmo à flor da pele entre os dois lados: "Você matou o meu porco?!" "Quem mandou você deixá-lo solto por aí?!!"

O clima ficou pesado e o fazendeiro foi até os seus líderes e comunicou que a situação estava insustentável. Foi quando o general britânico mandou três navios de guerra, 2.600 homens de guerra e muito armamento. Se um tiro fosse dado, uma guerra começaria entre os britânicos e americanos.

Devemos entender algo. Às vezes, nossa história é mudada por um único fio. Uma cabeça quente joga você contra a sua família, esposa ou amigos. E, muitas vezes, o motivo da cabeça estar quente é tão tolo, quanto o de dois países entrarem em guerra por causa de um PORCO!

Toda vez que você estiver com a cabeça quente, cuidado, isso poderá gerar uma situação igual a do porco que quase começou uma guerra. Navios se deslocaram de uma região a outra. Duas mil e seiscentas pessoas tiveram de ir até a área de conflito por causa de um porco. Deixo mais três versículos para reflexão:

"Meu filho, guarde consigo a sensatez e o equilíbrio." Provérbios 3:21

"O sábio de coração é considerado prudente; quem fala com equilíbrio promove a instrução."
Provérbios 16:21

"Quando vocês ficarem irados, não pequem. Apaziguem a sua ira antes que o sol se ponha." Efésios 4:26

11. CORAÇÃO INSACIÁVEL

"Filho meu, se o teu coração for sábio, alegrar-se-á o meu coração, sim, o meu próprio." Pv 23.15

Alexandre, O Grande, era incansável. Seu exército de 30 mil homens percorreu, com ele, quase 20 mil quilômetros. Ele atravessou inúmeras cidades e países. Nações como a Turquia, Irã, Iraque, Egito, Síria, Grécia, Israel, Paquistão... enfim, seu território conquistado era imensurável. Entretanto, quando Alexandre chegou ao rio Indo, o seu exército se recusou a lutar contra o exército dos elefantes da Índia. O historiador Plutarco narrou que Alexandre, com apenas 32 anos, assentou-se perto do rio e começou a chorar como uma criança, pois não tinha mais nada para ele conquistar. Muitos historiadores acreditam que ele teria marchado até a China, caso os seus homens estivessem dispostos a segui-lo.

Contra a sua vontade e uma fome insaciável de conquista, ele voltou para a Babilônia, e, no ano 323 a.C., ele morreu com uma febre. Ninguém sabe ao certo o que o acometera, mas, ali, deu-se o fim de Alexandre, O Grande.

Aristóteles, que era o seu mentor, definiu-o: "Alexandre tinha o poder de conquistar o mundo, mas não conseguia conquistar a sua própria mente, paixão e imaginação!"

Com isso eu digo, que a maior conquista é o domínio da nossa própria mente ou imaginação. O ego e a imaginação do ser humano não têm limites.

São buracos negros e insaciáveis. Às vezes, o homem pode ter tudo, mas mantém em si um vazio do tamanho do mundo. Quando ter muito nunca é o suficiente, entregue-se ao infinito Deus, que é muito mais do que suficiente. A satisfação em Deus nos conduz a vida plena, uma vez que Deus é glorificado por intermédio de nós, à medida que nos satisfazemos n'Ele. Ele é a própria vida, portanto, não existe sentido em buscar satisfação fora d'Ele.

12. TERMÔMETRO

"Tenho-vos dito isto, para que o meu gozo permaneça em vós, e o vosso gozo seja completo." Jo 15:11

Não tenha dúvidas, o termômetro de um cristão é a sua alegria em servir a Deus. É difícil Satanás vencer um cristão cheio de alegria em servir a Ele. No auge das minas de carvão, milhares de pessoas morreram por intoxicação devido ao monóxido de carbono. Eles trabalhavam, mas não viam ou sentiam o monóxido de carbono e, simplesmente, morriam sem saber. Alguns criaram uma estratégia para reduzir os riscos de morte. Eles pegavam passarinhos e os colocavam dentro das minas. Se os passarinhos cantassem, era sinal de que o ar não estava poluído e eles poderiam continuar trabalhando. Quando o gás subia, os canarinhos paravam de cantar.

A vida de um cristão é como esse passarinho. Um dos efeitos das doutrinas erradas e do pecado é que o cântico, o louvor, começam a sair de dentro de nós. Quando o seu coração parar de cantar em adoração, é sinal de que algo está errado.

Paulo disse: *"Regozijai-vos no Senhor"*. A alegria no Senhor não pode ser extinta pelas aflições da vida. A alegria o protege de servir a Deus por motivos errados. A alegria o protege de ser religioso. A alegria o protege de fazer por obrigação. O teólogo Matthew Henry disse assim: "Regozijar no Senhor guarda o nosso coração das tentações vazias deste mundo."

Os trabalhadores da mina sabiam: sem canção, sinal de perigo. Desse modo é na sua vida: se não tiver canção, tem perigo. Assim é a igreja, se ela não gerar adoração sincera, estará em perigo.

Você se lembra do irmão mais velho da parábola do Filho Pródigo? O pai o chama para entrar na festa e comemorar, pois o irmão mais novo havia se arrependido e voltado para casa. Mas não havia canção na alma dele, apenas reclamação, pois achava que ele merecia muito mais do que o seu irmão. Isso é um perigo!

"...a alegria do Senhor é a vossa força." Neemias 8:10

13. ABORTO

"Antes de formá-lo no ventre eu o escolhi; antes de você nascer, eu o separei e o designei profeta às nações". Jr 1:5

Na reflexão de hoje serei bem direto. Vamos lá! Você faria um aborto se vivesse um destes cenários?

1. Um casal bem pobre, bem pobre mesmo, tem 14 filhos e a mulher fica grávida mais uma vez. As dificuldades são extremas. Você abortaria?
2. O marido e mulher estão doentes. Eles tiveram quatro filhos. Um é cego, outro morreu ainda criança, outro é surdo e o quarto tem tuberculose. Agora a mãe está grávida de novo.
3. Uma menina negra é violentada por um homem branco. Você aconselharia o aborto?
4. Uma jovem está grávida, seu noivo não é o pai. Ela estava quase para casar e agora está grávida.

No primeiro cenário, você mataria John Wesley.
No segundo cenário, você mataria Beethoven
No terceiro cenário, você mataria Ethel Waters, uma das maiores cantoras do mundo gospel.
No quarto cenário, você mataria Jesus Cristo!
Deus tem um plano na vida de cada criança. Deus ama os desprezados, abandonados, aflitos!

Salmos 139:16-18 diz: *"Tu me viste quando eu ainda estava no ventre; cada dia de minha vida estava registrado em teu livro, cada momento foi estabelecido quando ainda nenhum deles existia. Como são preciosos os teus pensamentos a meu respeito, ó Deus; é impossível enumerá-los! Não sou capaz de contá-los; são mais numerosos que os grãos de areia."*

14. CONFIANÇA

"Reconhece-o em todos os teus caminhos, e Ele endireitará as tuas veredas. Não sejas sábio a teus próprios olhos; teme ao Senhor e aparta-te do mal."
Pv 3:67

Há uma velha história sobre o homem que foi andar sobre um rio congelado no inverno. Ele deu os primeiros passos e ficou com medo. Medo de pisar e com isso ele se abaixou para ver se ia trincar o gelo. Começou então a andar de quatro, literalmente com as mãos e os pés. Ele estava com medo porque não sabia qual era a espessura do gelo. Foi quando escutou um barulho e viu que, atrás dele, vinha uma carroça puxada por quatro cavalos. O homem da carroça sabia a espessura do gelo e que ele estava apto a suportar aquele peso.

Assim somos nós, caminhando com dificuldades pela estrada da vida com medo, pavor, sem confiança. O sábio Salomão escreveu: *"Reconhece-o em todos os teus caminhos e Ele endireitará as tuas veredas."*

Deus está nos ensinando a confiar nEle de todo o coração, sem reservas. Em resposta a isto, ele endireitará os nossos caminhos. A palavra "confiança" carrega a ideia de se sentir seguro e protegido. Você já usou muletas? Eu já! Estourei meu joelho e usei muletas por um mês. Depois de uma semana usando-as, compreendi a seguinte expressão: "Sofri mais do que sovaco de aleijado!". Apoiar-se no seu próprio entendimento é a mesma coisa. Se você quer ter uma vida cansativa, exaustiva, é só depositar a sua confiança em si mesmo. Você nem precisa ter ódio de Deus, basta confiar demasiadamente em si mesmo!

Reconhecer significa "conhecer". É aquilo que tem por base a experiência, a experiência pessoal. Significa amizade, intimidade. Reconhecer a Deus ou buscar a Deus em tudo que fizer significa confiar em seu caráter, em seus valores, em seus planos.

Já reparou que tudo é baseado em testemunhos pessoais? Se você está assistindo e aparece o comercial, quase sempre é sobre testemunhos. Se for produto para cabelo, alguém vai aparecer no comercial com cabelo lindo. Se for de carro, mostrará uma família dirigindo o veículo. A vida é feita de testemunhos, e reconhecer a eles é ver Deus agindo. Abrir o coração para Ele agir, é ter confiança total. Amar a Deus acima de tudo é confiar totalmente nEle!

15. A CIÊNCIA TEM RESPOSTAS?

"Não se turbe o vosso coração; credes em Deus, crede também em mim." Jo 14:1

Os jornais de Londres criticavam Charles Haddon Spurgeon por não ser moderno, por pregar apenas a Bíblia e não a ciência.

Num sábado à noite ele realizou um velório, era filho de uma irmã de sua igreja. No domingo de manhã, irritado com tantas críticas, ele foi ministrar, mas subiu no púlpito sem a sua Bíblia. Todos acharam estranho. Ele chegou no púlpito e disse: "Amados, ontem, sepultamos um jovem da Igreja. Filho da nossa querida irmã. Como o povo quer que eu seja mais moderno em minhas palavras, quero saber o que a ciência tem a dizer sobre a morte?" Em tom irônico, ele fez várias indagações: "Ciência, o que você tem a dizer sobre a eternidade? Ciência, o que você tem a dizer para essa pobre mãe que sepultou o seu filho? Ciência, o que você tem a dizer a esta igreja que está triste pelo trágico acidente do rapaz?" Ele ficou em silêncio, e disse, estão vendo, a ciência não tem respostas. Vou pegar a Bíblia e ver o que ela tem a dizer sobre a eternidade. Então, ele abriu em João 11:25 *"Disse-lhe Jesus: 'Eu sou a ressurreição e a vida. Aquele que crê em mim, ainda que morra, viverá'."*

Em João 14, Jesus disse: "*Não se turbe o vosso coração; credes em Deus, crede também em mim. Na casa de meu Pai há muitas moradas; se não fosse assim, eu vo-lo teria dito, pois vou preparar-vos lugar.*" Jesus ensina: "Creia em mim. Tenha fé em mim."

Creio na eternidade com Jesus após a morte, não porque alguém disse que teve visão ou revelação sobre céu e inferno, nem mesmo porque alguém escreveu um livro sobre o céu. Meu conforto não está em nenhuma visão, nem no vídeo do YouTube. Muito menos no astronauta, que disse ter visto a cidade celestial. O meu conforto está no que Jesus disse em João 14:1 *"Creia em mim!"*

16. DEO GRATIAS

"Em tudo dai graças, porque esta é a vontade de Deus em Cristo Jesus para convosco." 1 Ts 5:18

Como dar graças em meio a tudo? Talvez, você possa questionar: Já assistiu aos últimos noticiários? O apóstolo Paulo disse: "Em tudo dai graças". Em tudo, não somente em algumas coisas. Ocorre que há uma diferença: não é dar graças "por tudo", mas "em tudo". Eu não vou dar graças pelas enfermidades, mas vou dar graças perante as dificuldades. Não é por tudo, é em tudo. Ser grato é confiar em Deus.

Gratidão revela que não somos merecedores. Gratidão revela que, apesar da dor, sofrimento, temos uma viva esperança.

Lembro-me da história de um jovem da Polônia, que, em 1988, foi atingido por um trem e entrou em coma. Ficou 20 anos em coma, só saiu dele em 2007. Em 1988, a Polônia era um país comunista e não havia quase nada nas lojas para vender. Não existia celular.

Em 2007, quando ele sai do coma, encontra um país livre, próspero, com celular e muita tecnologia. Entretanto, ele percebeu que as pessoas, agora, eram mais ansiosas, chatas, ingratas e viviam reclamando. Essa é a "cara" da nossa geração.

George Herbert escreveu em um poema: "Senhor, tu me destes tantas coisas, dê-me mais uma coisa, dê-me um coração grato."

Agostinho disse que, quando muitos cristãos do passado se encontravam, ao se despedirem uns dos outros, diziam:

"Deo gratias!" Ou seja "Graças a Deus!". Frequentemente, a conversa deles versava sobre as perseguições que sofriam, porém, terminavam a conversa com: "Deo gratias!". Às vezes, eles tinham que contar sobre os queridos irmãos e irmãs devorados pelas bestas, mas, mesmo assim, ao se despedirem, diziam: "Deo gratias! Graças a Deus."

Algumas pessoas, durante a crise, agem como tartaruga – se está com raiva, esconde-se. Outras, como um gamba – elas fedem. Já o homem com um novo coração não se esconde e nem fede, ele é grato!

Por que ser grato em tudo? Porque temos uma viva esperança. Sim, temos uma viva esperança!

SEJA GRATO, pois sua dor é temporária.

SEJA GRATO, pois temos a esperança.

SEJA GRATO, pois você vai para um lugar onde não há choro, lágrimas e angústia.

SEJA GRATO, pois somos peregrinos.

SEJA GRATO, pois no céu o pecado não vai mais tocá-lo!

Quando o anjo foi visitar Maria, ele disse: "Paz na terra". Não parece que o mundo tem paz, mas ela existe. Existe a paz interior, porque nossa fé está aos pés de Cristo. Nasceu a esperança! Ela morreu, mas, em seguida, ressuscitou!

17. HITLER QUASE MORREU AFOGADO

"Ninguém é capaz de prever quando virão os tempos difíceis." Ec 9:11

Era frio na Bavária, algumas crianças brincavam de cowboys à procura de índios. Como aquela brincadeira de polícia e ladrão. Mas, uma daquelas crianças, ignorando o perigo de correr por cima de um rio congelado, não percebeu que o gelo estava cedendo e, sem conseguir nadar, o rio foi levando o menino para o fundo.

Johann Kuehberger tinha apenas 5 anos de idade, quando seu amigo se afogava naquele inverno frio de 1894. E, sem pensar duas vezes, ele pulou na água para salvá-lo. E, assim, conseguiu resgatar o seu pequeno amigo. O tempo passou, e Johann se tornou um padre. Porém, a lembrança daquele dia frio nunca mais saiu de sua memória. Na verdade, aquele dia frio se tornou um tormento enorme em sua mente até o dia da sua morte. Afinal, aquele menino que ele salvara chamava-se Adolf Hitler.

Leia isto com atenção: Todo ato tem consequências. É impossível saber o futuro a partir das nossas decisões e atitudes. Para o padre Johann foi um tormento, porque, se ele não tivesse resgatado Hitler, milhões de vidas poderiam ter sido poupadas no futuro. Mas devemos entender: não sabemos sobre o futuro. E, talvez, você esteja cheio de remorso e angústia pelas consequências de suas decisões. Ou ainda, vive uma vida cheia de medo e insegurança, preocupado com o modo como as decisões de hoje afetarão o seu futuro. Entenda: faça o melhor que você pode fazer hoje, vivendo as palavras do apóstolo Paulo aos Filipenses 4:8.

"Quanto ao mais, irmãos, tudo o que é verdadeiro, tudo o que é honesto, tudo o que é justo, tudo o que é puro, tudo o que é amável, tudo o que é de boa fama, se há alguma virtude, e se há algum louvor, nisso pensai."

Faça sua parte! Deixe todas as consequências e resultados nas mãos de Deus.

18. PORQUE ELE VIVE, POSSO CRER NO AMANHÃ

"De repente, Jesus as encontrou e disse: "Salve!" Elas se aproximaram dele, abraçaram-lhe os pés e o adoraram." Mt 28.9

Nos anos 60, a cantora chamada Gloria Gaither estava aflita, ela estava grávida. O seu país, os Estados Unidos, vivia momentos turbulentos. Havia guerra no Vietnã, onde vários jovens perderam a vida; brigas raciais por todos os lados da nação; o presidente John Kennedy fora assassinado; entre outros inúmeros problemas. Com tudo isso, bateu uma enorme preocupação nela: "Como vou gerar um filho nesse mundo, um lugar de tanta crueldade e maldade! Como?"

Foi quando o Senhor lhe confortou e inspirou-a com uma linda canção, que diz:

Porque Ele vive, posso crer no amanhã
Porque Ele vive, temor não há
Mas eu bem sei, eu sei, que a minha vida
Está nas mãos de meu Jesus, que vivo está

Os anos se passaram, os dilemas parecem que pioraram: pandemias, brigas políticas sem fim, nações com poder nuclear, economia em risco, ameaças de todos os tipos, pedofilia, pornografia, roubo, escândalos no meio evangélico. E então eu me pergunto, como já me perguntei algumas vezes: "Senhor, como vou criar meus três filhos em um mundo horrendo como esse?" Mas toda vez que penso nisso, me lembro de algo:

Porque Ele vive, posso crer no amanhã

Porque Ele vive, temor não há
Mas eu bem sei, eu sei, que a minha vida
Está nas mãos de meu Jesus, que vivo está

Em Mateus 28:8, as mulheres saem do túmulo de Jesus assustadas, mas cheias de alegria. Elas correm para encontrar os discípulos e lhes anunciar a mensagem sobre Jesus. De repente, Jesus estava na frente delas. E Ele diz: "Salve!" Outras traduções dizem: "Que a paz esteja convosco!" Algumas das versões mais antigas dizem: "Saudações!" A tradução mais literal seria o simples "bom dia".

O interessante sobre isso foi a calma de Cristo após um acontecimento tão incrível. Jesus ressuscita, sai do túmulo, vence a morte, o inimigo, o pecado, e as primeiras palavras d'Ele são: "Bom dia!"

Era como se Ele estivesse dizendo: "Eu não disse para vocês terem calma? Está tudo tranquilo, eu mando até mesmo na morte." Jesus é extraordinário! Somente pessoas seguras e que sabem quem são podem manter a calma após uma grande conquista. Manter a calma em situações tão extremas e ainda dizer "saudações". "Bom dia, eu matei demônios, destruí a morte e levo as pessoas para o céu. Bom dia!" Isso me diz o quanto Ele é real. Não precisamos fazer drama sobre quem Ele é.

Se você é homem de oração, mulher de oração, pastor, evangelista, pessoa piedosa, alguém que escuta a voz de Deus, então tudo o que você precisa fazer é: "Bom dia". Você não precisa dizer às pessoas quais são suas credenciais, o que você já conquistou, aonde foi, quantos livros leu ou quantos livros escreveu.

A Bíblia diz, no versículo 9, do capítulo 28 de Mateus, que, depois de Jesus dizer o seu "Bom dia", as mulheres chegaram perto d'Ele, abraçaram os seus pés e o adoraram. E isso foi tudo. Sem alarde. A simplicidade era o necessário. Bom dia, e todos adoraram. Quando você precisar dizer às pessoas que elas te respeitem, te honrem ou batam palmas para você, significa que algo está errado

19. REJEITANDO O FILHO

"Quem vos recebe a mim me recebe; e quem me recebe a mim, recebe aquele que me enviou". Mt 10:40

Ouvi a história fantástica de um homem rico que tinha um filho da qual amava muito. Esse homem era amante de artes e ensinou seu filho a amá-las também. Ele também possuía uma coleção particular de obras de arte com valor quase que incalculável. Quando houve a guerra no Vietnã, seu filho foi, porém, morreu durante a ação. O coração do pai ficou despedaçado. Vários anos depois, o homem rico faleceu e deixou um testamento orientando que suas obras de arte deveriam ser leiloadas. Havia milhões de dólares em artes a serem vendidas.

Apareceram pessoas de todos os lados querendo comprar as famosas obras de arte do homem rico. Mas no seu testamento havia uma mensagem, que, a primeira obra de arte a ser leiloada era a arte do seu próprio filho, não muito bonita, nem famosa, mas era a imagem do seu próprio filho em um quadro.

Impacientes os negociantes de arte reclamaram e disseram: "Vamos logo". Tire essa foto do caminho para que possamos dar lances nas verdadeiras obras de arte. O leiloeiro levantou a pintura e perguntou: quem me dá $100 dólares pela foto do filho? Ninguém respondeu. Finalmente, um homem que estava sentado na platéia, disse: "Eu dou $20 dólares por isso". Então, foi vendido por apenas $20 dólares.

Naquele momento, o advogado do homem rico foi para a frente e anunciou à multidão: "Senhoras e senhores, não haverá mais lances. Meu cliente deixou instruções secretas e específicas de que, quem comprasse a pintura de seu filho, recebesse todas as obras de arte, sem nenhum custo adicional". Assim, o homem que comprou a foto do filho também recebeu as outras obras de arte. E nas últimas palavras do testamento estava escrito: "Quem escolhe meu filho, recebe tudo". Isso conclui o leilão. Jesus disse: "E quem me recebe, (filho) recebe aquele que me enviou (pai)."

Em Marcos 12:1-11, Jesus está falando no templo de Jerusalém e ele conta uma parábola aos principais dos sacerdotes e anciãos. Aqui está a pequena história de Jesus.

„*Então Jesus começou a lhes falar por parábolas: Certo homem plantou uma vinha, colocou uma cerca ao redor dela, cavou um tanque para prensar as uvas e construiu uma torre. Depois arrendou/alugou a vinha a alguns lavradores e foi fazer uma viagem. Na época da colheita, enviou um servo aos lavradores, para receber deles parte do fruto da vinha. Mas eles o agarraram e espancaram, e o mandaram embora de mãos vazias. Então enviou-lhes outro servo; e lhe bateram na cabeça e o humilharam. E enviou ainda outro, o qual mataram. Enviou muitos outros; em alguns bateram, a outros mataram. Faltava-lhe ainda um para enviar: seu filho amado. Por fim o enviou, dizendo: 'A meu filho respeitarão'. Mas os lavradores disseram uns aos outros: 'Este é o herdeiro. Venham, vamos matá-lo, e a herança será nossa'.*"

Não sei se você já alugou uma casa, uma propriedade ou um apartamento. O empreendimento era seu, mas os inquilinos esqueceram disso. A maneira como tratavam a casa e pagavam o aluguel, mostrava, com clareza, que eles achavam que eram donos da casa. Existem inquilinos que fazem papel de proprietário.

Nós somos inquilinos e Deus é o dono. Este mundo é do nosso pai celestial e nós somos apenas os mordomos dEle. É perigoso quando os inquilinos agem como se fossem donos. Quando mulheres gritam falando que mandam no seu próprio corpo e, por isso, o aborto tem que ser aprovado, é uma clara evidência que os inquilinos estão agindo como proprietários. Inquilinos ainda são inquilinos.

20. AMIGOS ÍNTIMOS

"Em todo tempo ama o amigo; e na angústia nasce o irmão" Pv 17.17

Durante a guerra do Vietnã, um rapaz desapareceu na floresta, ninguém sabia onde ele estava. O seu irmão mais velho ficou sabendo do ocorrido e que ninguém sabia do paradeiro final dele. Mas ele não poderia ficar parado. Com isso, pegou um voo dos Estados Unidos ao Vietnã para encontrar seu irmão. Sua busca foi incessante. Entre os próprios inimigos havia um consenso, ninguém poderia mexer com aquele rapaz. Sua causa é mais nobre que essa guerra, e a motivação mais pura que todos, deixe-o em paz, a fim de que ele ache o seu irmão.

Desta forma, aprendo que a verdadeira amizade é destaque até mesmo aos inimigos. Não há nada mais belo que isso! Que venhamos ter amigos íntimos, de confiança. Amigos como Davi e Jonatas.

Creio que Deus sabia que os dias seriam difíceis para Davi. Que um amigo íntimo lhe faria bem. E, então, aparece Jonatas, que se torna um grande amigo de Davi. O pastor Charles Swindoll fala em seu livro sobre Davi. Ele afirma: "Amigos íntimos são difíceis de ser encontrados."

Existe algo que une o coração de amigos íntimos. Swindoll acredita que, dificilmente, alguém terá mais que quatro amigos íntimos durante toda a sua vida. Alguns terão apenas um, dois ou três, mas, dificilmente, eles passarão de quatro.

Vamos lá: quatro simples lições sobre uma amizade verdadeira:

1. Amigo íntimo é aquele que está disposto a se sacrificar.

Você não precisa suplicar algo a um amigo íntimo. Isso aconteceu com Davi. A Bíblia revela que, Jonatas, deu sua capa à Davi.

O livro sagrado também conta que Jonatas disse assim a Davi: "O que você me pedir, eu farei."

Um amigo íntimo está sempre disposto a ajudar no que for necessário. Sem esperar retorno. Sem jogo de interesses. Sem cobranças.

2. Amigo íntimo está reiteradamente defendendo-lhe diante dos outros.

Amigo íntimo não é como um camaleão. Na sua frente é uma coisa mas, por trás, outra.

Ele não o bajula pela frente, enquanto o prejudica por trás. Diz a Bíblia que Jonatas falava bem de Davi ao seu pai, o Rei Saul. Jonatas não apenas falou bem de Davi, ele também confrontou o seu próprio pai, dizendo-lhe: "Pai, você *está* errado sobre Davi!". Um amigo íntimo o defende quando percebe que há um mal-entendido ou que alguém quer fazer-lhe mal. Ele sai em sua defesa.

3. Amigo íntimo lhe dá a liberdade para que você seja você mesmo.

Quando você encontrar um amigo assim, tenha a certeza de que a sua alma estará conectada à dele. Se você tem que ficar a todo momento se explicando por ter agido de determinada maneira, ou mesmo precisa se justificar a toda hora, é sinal de que a sua amizade não foi construída com base na confiança e pureza. Na verdade, é cheia de desconfianças. Davi não precisava se justificar a Jonatas. A confiança entre eles era total.

Sabe aquele amigo que você tem de ter cuidado com o que fala perto dele, temendo que ele possa usar aquilo contra você no futuro? Pois é, ele não é íntimo. Sabe aquele amigo que você não pode ser você mesmo perto dele? Pois é, ele não é íntimo.

4. Um amigo íntimo é uma fonte de encorajamento.

Saul queria matar Davi e Jonatas sabia que Davi estava vivendo uma das piores fases da sua vida. E o que Jonatas fez? Ele encorajou Davi. Diz a Bíblia: "*E Jonatas fortaleceu Davi, e disse: 'Não temas'!*"

21. UM PÉ DE MAÇÃ

"Veio uma mulher de Samaria tirar água. Disse-lhe Jesus: Dá-me de beber." Jo 4:7

Ed Kimble tinha uma Escola Dominical e nela estudava um péssimo aluno chamado Dwight. Era muito temperamental. Certa vez, Ed disse: "Notei que, enquanto ensino, Dwight está sempre dormindo e nunca prestando atenção". No entanto, Ed teve uma ideia. Ele iria conversar com Dwight sozinho, sem ninguém por perto. Dias depois, ele acabou encontrando Dwight sozinho na rua e teve uma conversa cara a cara com ele. Dwight aceitou Jesus naquele mesmo momento, na rua de Chicago. Dwight, mais conhecido como D.L. Moody, que se tornaria um dos maiores pregadores americanos. Segundo relatos, ele ganhou um milhão de almas para Cristo.

Mais tarde, Dwight pregou a Wilbur Chapman, que escreveu inúmeros materiais de disciplinas infantil e juvenil.

Wilbur Chapman pregou também para um jogador de beisebol chamado Billy Sunday – que foi tocado de tal maneira a ponto de deixar o beisebol e se tornar um pregador. Só que ele não havia sido ordenado por nenhum ministério, não era um pastor, por isso, não podia pregar dentro da igreja. Ele comprou uma tenda e, sempre que possível, a montava e fazia cultos de evangelização. Numa dessas reuniões, um garoto branco alto apareceu. Você quer saber o nome desse garoto branco? Billy Graham.

Eu comparo essa história com uma semente de maçã. Quando você abre uma maçã, vê cinco sementes dentro dela. Toda semente tem o potencial de produzir uma árvore. A árvore pode produzir 300 maçãs por ano. Assim, esta mesma árvore tem o potencial de produzir por 50 anos consecutivos. Ou seja, 300 x 50 = 15.000.

Então, uma semente é responsável por 15 mil maçãs. E se pensarmos em uma maçã, com todas as suas cinco sementes, estamos falando em 75 mil maçãs.

Você é uma semente! O que sair de você pode gerar vida para inúmeras pessoas. Você não é o coitadinho da Igreja, é uma semente frutífera que pode gerar frutos maravilhosos. Você não é a irmãzinha do "não sei fazer nada". Você sabe sim! E é uma semente poderosa! Somos como uma semente da maçã. Aparentemente, apenas uma pequena semente, mas capaz de gerar uma árvore. E essa árvore, 300 maçãs por ano, com o potencial de produzir 15 mil maçãs durante sua vida.

Tomás de Aquino disse: "Se quero convencer alguém sobre a minha mensagem desse lado, não devo gritar a eles para que venham para cá ouvir-me. Tenho que ir até lá e guiá-los para onde eles precisam estar". O problema com a Igreja é que estamos dentro do prédio gritando para as pessoas virem, mas ninguém está vindo, porque não há alguém lá fora para guiá-las para cá.

No bate-papo entre Jesus e a mulher samaritana. A senhora samaritana chamou Jesus de:

Um judeu – vs.9
Senhor – vs.11
Profeta – vs.19
Messias – vs. 25; vs. 29
Salvador do mundo – vs. 42

Foi uma "crescente" dentro da conversa. Era Deus movendo o coração dela. Nunca desista de conversar com as pessoas sobre Cristo, você não tem noção de como isso pode ser importante.

22. A-LELUIA A-LELUIA

"Aleluia! Louve, ó minha alma, o Senhor." Salmos 146:1

George Frideric Handel foi o compositor de 42 operas, 120 cantatas, além de outros trabalhos. A respeito de Handel, Beethoven disse: "A ele eu me ajoelho." Todavia, no final da vida, com 56 anos de idade, Frideric Handel estava longe do auge do sucesso, estava depressivo, cheio de dívidas. Ele lutava para continuar relevante no mundo da música. No dia 22 de agosto de 1741, ele começou a compor. Ficou trancado em casa por três semanas. Ele raramente saia da sua cadeira, onde parava para compor. Compôs 259 páginas da sua oratória mais famosa que é Messias. Nessas composições, está incluso, talvez o hino mais famoso da história, que é:

"A-leluia A-leluia, Aleluia, Aleluia, Aleluiaaa
A-leluia A-leluia, Aleluia, Aleluia, Aleluiaaa
Pois, o Senhor Onipotente reina

Aleluia, Aleluia, Aleluia, Aleluia,
Pois, o Senhor Onipotente reina
Aleluia, Aleluia, Aleluia, Aleluia,
Pois, o Senhor Onipotente reina..."

Sentindo a presença de Deus ao compor, ele colocou no final as siglas "SDG" que é Soli Deo Gloria - A Deus seja a glória.

Handel se sentindo desconectado, longe e irrelevante, resolveu se trancar e ficar a sós. Isso me faz lembrar das palavras de Jesus, que disse: "...*entra no teu quarto, fecha a porta e...*" Com a porta fechada, alguns se jogam no mundo escuro da pornografia.

Atrás das portas, alguns executam atitudes que ferem a relação conjugal.

Atrás das portas, manobras empresariais são planejadas.

Atrás das portas, relacionamentos são feridos.

Atrás das portas, vidas entram nos vícios.

Atrás das portas, a fofoca é realizada.

O caráter não é revelado no meio do povo, o caráter é revelado onde ninguém vê!

As atitudes atrás das portas são sementes que deverão ser colhidas com as portas abertas! É atrás das portas que as tentações chegam e você diz: "É aqui que preciso orar"! É atrás das portas que as propostas chegam e você diz: "Deus vê tudo"! Isso me faz lembrar de Sansão e José. Foi atrás das portas que a mulher de Potifar disse: "Deita-te comigo". E José respondeu: "Não pecarei contra o meu Deus". Foi atrás das portas que Sansão contou o segredo! Pensando sobre José e Sansão, podemos analisar que: José não se deitaria com Dalila, mas Sansão se deitaria com a mulher de Potifar.

As atitudes de José o levaram a ser governador do Egito. As atitudes de Sansão, atrás das portas, levaram-no a ter os seus olhos furados e se tornar escravo!

As atitudes atrás das portas lhes tiram a visão ou a ampliam. José via longe, Sansão via "o agora". As atitudes atrás das portas podem lhe dar força ou fazer você perder a força.

Que atrás das portas vocês possam cantar: "Aleluia, Pois, o Senhor Onipotente reina.

23. AMAZON REVELANDO A NOSSA ANSIEDADE

"Lancem sobre ele toda a sua ansiedade, porque ele tem cuidado de vocês." 1 Pe 5:7

A Amazon revelou um tempo atrás o versículo mais mencionado na Bíblia de seu aplicativo de leitura Kindle. Se perguntassem às pessoas quais versículos foram os mais circulados da Bíblia Kindle, tenho certeza que muitas pessoas citariam João 3:16, Salmos 23 ou 91. Mas o versículo foi: *"Não andem ansiosos por coisa alguma, mas, em tudo, pela oração e súplicas, e com ação de graças, apresentem seus pedidos a Deus. E a paz de Deus, que excede todo o entendimento, guardará os seus corações e as suas mentes em Cristo Jesus".*

Sinto que as pessoas se relacionam com esse versículo ou procuram por algo que tenha a ver com ele. Sinto que as pessoas estão nos dizendo o que precisam e o que desejam ao lerem tantas vezes o mesmo verso. Esse versículo representa o mal do século: ansiedade, depressão e estresse.

Alguém disse: "Se você vai se preocupar, não há necessidade de orar. E se você orar, não precisa se preocupar". Toda noite, alguém, sabiamente, diz: "Entrego meus problemas a Deus, porque sei que ele ficará acordado a noite toda!". O segredo é nunca se preocupar sozinho, mas entregar tudo nas mãos de Deus.

C.S. Lewis disse: "Não é o peso da carga que te destrói. É como você carrega o peso!". A preocupação é uma péssima maneira de meditar. A ansiedade se constitui geralmente assim:

40% das suas preocupações são sobre coisas que nunca acontecerão.

30% das suas preocupações são sobre o passado, que não pode ser alterado.

12% das suas preocupações são sobre críticas feitas por outras pessoas.

10% das suas preocupações são sobre problemas de saúde, que pioram com a ansiedade.

8% das suas preocupações são sobre problemas reais que estão sendo de fato enfrentados.

"E a paz de Deus, que excede todo o entendimento, guardará os seus corações e as suas mentes em Cristo Jesus." - Filipenses 4: 7.
E a paz de Deus (essa paz está dentro de você), que excede todo o entendimento (o que está além das palavras, além do conhecimento humano), guardará os seus corações e as suas mentes em Cristo Jesus (existe uma proteção celestial).

Alguém já disse que a depressão é um excesso de passado e a ansiedade, um excesso de futuro. Mas eu digo a você: seu passado foi perdoado por Cristo e o seu futuro está nas mãos de Cristo. Portanto, Nada + Jesus = Tudo!

24. QUANTO CUSTA O TACO DE GOLFE DE JOHN KENNEDY?

"Não vos sobreveio tentação, senão humana; porém fiel é Deus, que não vos deixará tentar acima do que podeis, antes com a tentação dará também meio de saída, para que a possais suportar." 1 Co 10:13

Parece que Jesus mal consegue trocar de roupa após ser batizado por João Batista no Jordão e literalmente Satanás aparece e lhe desafia. Mateus, capítulo três, termina com Deus falando com Jesus. Já o capítulo quatro começa com Satanás falando com Jesus. Que contraste!

Em Mateus, três, durante o batismo nas águas, Deus disse: "*Este é o meu filho amado*". Penso que, antes que Jesus pudesse digerir e processar essas palavras, aparece Satanás. Depois de jejuar 40 dias e 40 noites, Ele ficou com fome, porém, o tentador veio e lhe disse: "*Se você é o filho de Deus...*". Pense nessas palavras. Deus falou audivelmente do céu: "*Você é meu filho*", e agora o inimigo está dizendo: "*Se você é filho...*". Satanás está questionando o que Deus já disse. Isso não é novo. É apenas Satanás disparando a mesma estratégia que ele sempre teve desde o início dos tempos. Ele fez a mesma coisa no jardim do Éden com Adão e Eva. As primeiras palavras registradas do diabo no Planeta Terra estão em Gênesis, capítulo 3, e é uma pergunta — como ocorre em Mateus, capítulo 4 —, mas não é uma pergunta qualquer. Os ataques do diabo em Gênesis e em Mateus nos ensinam muitos detalhes acerca do nosso inimigo.

Às vezes, os ataques de Satanás são a confirmação de que você ouviu a voz de Deus e está no caminho certo. Tão clara quanto a voz de Deus é para Jesus, a voz de Satanás chega rápida e clara. Certa vez, C. S. Lewis disse: "O inimigo não verá você desaparecer no caminho e na companhia de Deus sem ele fazer um esforço para recuperá-lo para si."

Não há terreno neutro no universo. A cada centímetro quadrado, a cada fração de segundo as coisas espirituais estão envolvidas — espirituais, divinas, lutando contra as hostes do mal.

Leia o que C. S. Lewis disse: "Se você não viu Satanás lutar contra você recentemente, provavelmente é porque você está seguindo o caminho dele". Sabemos que Jesus não estava seguindo o caminho de Satanás, e é por isso que agora Ele é alvo do inimigo. Ninguém está livre de ser alvo do inimigo!

Todos estamos na lista de Satanás. Por que Satanás vem atrás de você? Não é porque você é ruim, mas porque você é valioso. Por exemplo: se você é um ladrão, você não invade casas que estão abandonadas. Você invade lugares onde você sabe que tem coisas valiosas. Assim acontece conosco.

Alguns anos atrás teve um leilão em New York, e três coisas naquele leilão chamaram a atenção. Uma delas era a escova de dente de Napoleão, vendida por US$ 48.000,00. Depois, as pérolas falsas de Jackie Kennedy, vendidas por US$ 256.000,00. Por fim, tacos de golfe de madeira de John Kennedy, por US$ 750.000,00.

Entenda, os valores são absurdos, sim, mas não chegaram a esse montante por causa da escova de dente, nem pelas pérolas falsas. O importante era a quem pertenciam aquelas coisas.

No dia em que você nasceu de novo, seu valor disparou. Você passou de uma propriedade abandonada para pertencer ao criador do universo. Agora que sou valioso, sou um alvo. Foi o que aconteceu com Jesus.

Martinho Lutero afirmava que existem três coisas que moldam uma pessoa, e assim nos preparamos para o futuro. A primeira é a leitura da Palavra. A segunda é a oração e o momento a sós com Deus. E a terceira é a tentação. E como isso é verdade!

25. CARREGANDO PEDRAS

"O maior entre vocês deverá ser servo." Mt 23:11

Há uma fábula muito interessante sobre Pedro e as pedras. Jesus ordenou aos discípulos que escolhessem uma pedra e a trouxessem com eles durante a jornada. Mateus pegou uma pedra de tamanho legal, João também. E todos os outros discípulos fizeram igual. Mas Pedro, querendo dar uma de esperto, pensou: "Ele não disse o tamanho da pedra, vou pegar algo pequeno e colocar no bolso, não vou ficar sofrendo carregando uma pedra grande pelo caminho."

Jesus chegou perto do rio e disse: "Vamos orar. Essas pedras vão se transformar em pão e ele será o nosso alimento do dia". Pedro se deu mal, sua pedra era pequena. Mas numa outra ocasião, Jesus mais uma vez disse: "Pega uma pedra...". Pedro, querendo mais uma vez ser esperto, pensou: "Vou pegar a maior, vou comer bem hoje". Jesus chega mais uma vez perto do rio e ordena: "Jogue a pedra no mar!". Pedro se deu mal de novo, pois ele carregou aquela grande pedra atoa.

Algumas lições ficam em nosso coração a respeito desta simples ilustração. Primeiro, quando é para o nosso benefício, estamos dispostos a levantar peso, carregar pedras grandes. Quando é para os outros, pouco importa! Muitos têm uma personalidade individualista, tudo se resume a si mesmo, quando na verdade a ordem do evangelho é servir. Até mesmo em nossas orações gostamos de dizer a Deus sobre os nossos feitos e isso já aconteceu até mesmo comigo.

Certa vez, estava cansado e aflito com muitas coisas. Então, disse a Deus: "Senhor, estou batalhando há tanto tempo... já fiz isso, fiz aquilo para o teu reino". Fui dando a minha lista de trabalhos prestados a Deus. Deus foi até piedoso comigo, ele me respondeu imediatamente, e disse: "Eu não te devo nada". E completou: "E a minha Igreja também não te deve nada".

Existe um espírito percorrendo nossas Igrejas, que é o espírito do oportunismo. Deus não depende disso para nos abençoar. Precisamos aprender a carregar pedras, mesmo quando não é para benefício próprio!

26. SEM FREIO!

"Honre o Senhor com todos os seus recursos e com os primeiros frutos de todas as suas plantações; os seus celeiros ficarão plenamente cheios, e os seus barris transbordarão de vinho."
Pv 3:9-10

Pastor Antonio Munhoz da cidade de Americana (SP), enquanto líder da Assembleia de Deus local, sustentava 65 missionários mundo afora. Enviava recursos mensais às Igrejas, a fim de pagar as contas e amparar os pastores. Enfim, a conta era alta.

Por um período, ele se preocupou com todas as despesas que arcava. Alguns lhe questionavam, dizendo que o correto era cortar missionários para diminuir as despesas. Mas o Senhor lhe apareceu em visão. Ele contou:

"Estava dirigindo uma van com todos os missionários dentro. No percurso da estrada, entrei numa rua perigosíssima, muita descida para um carro tão pesado. Automaticamente, coloquei o pé no freio para ter segurança do veículo, porém, um problema maior apareceu, o carro estava sem freio nenhum! Quando comecei a dizer que não tinha freio, o próprio Deus, em visão, me disse: 'Não pare, não é hora de frear! Quando eu quiser que você freie, darei o freio, mas é hora de avançar'."

Lucas 6:38 – "Deem e receberão. Sua dádiva lhes retornará em boa medida, compactada, sacudida para caber mais, transbordante e derramada sobre vocês. O padrão de medida que adotarem será usado para medi-los". Esse versículo não está falando: "Dê dinheiro que você receberá riquezas." Se fosse assim, Jesus não estaria sendo honrado, mas usado. Esse versículo é: "Se você investir no meu Reino, te dou mais para continuar investindo no meu Reino!"

Matthew Henry disse assim: "Deus o abençoará com um aumento daquilo que é para uso, não para exibição ou acumulação, mas para a doação. Aqueles que fazem o bem e se doam, terão mais com o que fazer o bem." Se você ama Jesus, nada pode fazer você mais feliz do que abençoar.

Muitos debatem os 10% do dízimo, porém, se pensarem bem 10% ainda é pouco. Precisamos entender que existe algo sobrenatural na generosidade! As pessoas mais felizes são as pessoas generosas. Pessoas generosas são alegres. O homem que é capaz de reconhecer a autoridade de Deus na área financeira, reconhece a autoridade de Deus em todas as outras áreas de sua vida. Mas hoje, nem 10% querem entregar. Quando retemos do Reino, deixando de ajudar ao próximo e de praticar a generosidade, estamos dizendo: Deus, eu controlo minha vida financeira. Assim, meus erros grotescos do EGO começam a aparecer! Precisamos confiar em Deus com nossos recursos!

27. OS MOSQUITOS ESTÃO DANÇANDO!

"Não sejas sábio a teus próprios olhos; teme ao SENHOR e aparta-te do mal." Pv 3:7

Certa vez, uma aranha construiu uma teia para pegar mosquitos. A estratégia era deixar a teia bem limpa para não dar evidências que outros insetos tinham sido pegos. Então, veio um mosquito que se considerava inteligente. Ele olhou e decidiu não assentar na teia. A aranha logo disse: "Vamos, sente-se na minha teia". O mosquito logo respondeu: "Não, não vejo ninguém aí. Estou cansado de ficar sozinho, mas nessa teia eu não fico."

O mosquito olhou para baixo, viu um monte de mosquitos dançando e logo disse: "Vou voar até lá e dançar com aquela galera". Enquanto ele voava para se encontrar com os mosquitos que dançavam, uma abelha o encontrou e disse: "Você é louco? Não vá para lá, o chão tem cola que foi colocada ali pra pegar mosquitos como você."

Porém, o mosquito que se achava esperto porque tinha escapado da teia da aranha, disse: "Larga de ser boba, tem um monte de mosquitos ali, parecem felizes, estão dançando". O mosquito desceu, ficou grudado e perdeu a vida. Eles não estavam dançando, mas se esforçando para sair da cola, de longe parecia dança.

Aquele mosquito não queria ficar sozinho, estava disposto a fazer qualquer coisa para encontrar alguém. O nome disso é carência.

Aos carentes digo: se apaguem mais e mais a Deus, pois a carência cega, destrói e engana o coração. Cuidado, nem sempre os frascos de veneno são nomeados como veneno, existem muitas embalagens erradas por aí!

A maior deusa dos babilônicos era chamada Ishtar. Conhecida como a deusa do amor e da guerra. Essa definição se assemelha ao mundo, que apresenta amor, mas é guerra. O mundo da pornografia apresenta prazer, mas te domina, te vicia e te acorrenta, ferindo todos ao seu redor. Além disso, te leva às profundas tristezas que decorrem de um declínio da vida espiritual.

Muitos estão dominados pelo sexo antes do casamento, achando que estão "dançando", mas na verdade estão presos. O sexo proibido, o sexo fora do casamento, a traição, a pornografia são como um vírus. O que faz um vírus no computador? Destrói a configuração original, te faz perder arquivos e até mesmo o computador; tudo fica desconfigurado com o vírus. Mas aí vem o que chamamos de Anti-Vírus, ele detecta o erro e avisa: "tem vírus querendo entrar". Você não nasceu para ter uma vida desconfigurada pelo pecado ou para viver como se estivesse dançando, o propósito de Deus é te transformar e embutir em você discernimento.

28. PARE DE OLHAR NA TOALHA DA MESA!

"Olho nenhum viu, ouvido nenhum ouviu, mente nenhuma imaginou o que Deus preparou para aqueles que o amam; mas Deus o revelou a nós por meio do Espírito. O Espírito sonda todas as coisas, até mesmo as coisas mais profundas de Deus." 1 Co 2:9,10

Da Vinci foi o homem que pintou o famoso quadro da Última Ceia de Jesus. Creio que todos conhecem a pintura. Linda imagem dos discípulos ao redor da mesa com Cristo. Quando terminou o seu trabalho, alguns estudantes de arte foram ao seu encontro, a fim ver o quadro, eles queriam aprender e apreciar a bela pintura. Porém, para espanto de muitos, o que mais chamou atenção dos estudantes foi o bordado na toalha da mesa. Se questionavam a respeito de como ele chegara àquele resultado. Da Vinci disse: "Pessoal, a beleza da arte não está na toalha da mesa, a beleza da arte está no rosto de Jesus, vocês estão olhando para o lugar errado."

O Apóstolo Paulo disse: *"Todavia, como está escrito: 'Olho nenhum viu, ouvido nenhum ouviu, mente nenhuma imaginou o que Deus preparou para aqueles que o amam'; mas Deus o revelou a nós por meio do Espírito. O Espírito sonda todas as coisas, até mesmo as coisas mais profundas de Deus."* 1 Coríntios 2:9,10

A carne lhe deixa cego quanto as coisas espirituais, mas o Espírito anuncia as coisas de Deus. Nenhum olho viu, mas Deus te revelou pelo seu Espírito! Paulo disse: *"Ninguém conhece as coisas de Deus, a não ser o Espírito de Deus... mas*

Deus o revelou a nós por meio do Espírito." Imagine uma pessoa sem a orientação do Espírito Santo?

Falando das coisas espirituais, Jesus foi bem claro quando disse: *"Nem só de pão viverá o homem, mas de toda palavra que procede da boca de Deus"*. Jesus estava dizendo que o homem não consegue viver só de matéria, a saber: comida, sexo, fama, conquista, carro. O homem é dependente de "toda palavra que sai de Deus", ou seja, espiritual, que transcende o físico. Desta forma, afirmo: Jesus é vida! Ele transcende o físico. Ele colocou e revelou a eternidade dentro de você.

Por que você necessita se relacionar com Jesus? Porque ele transcende o mundo que você vê. Não estou com Jesus por causa de um carro, ELE transcende! Não estou com Jesus por causa de comida, ELE transcende! Não estou com Jesus para ser feliz aqui na terra, ELE transcende! Estou com Jesus porque QUERO VIDA!

Nosso problema é olhar para a borda da toalha e não conseguir ver o semblante de Jesus Cristo!

29. O HOMEM MAIS LENTO DO MUNDO

"Aquele que corre mais rápido, nem sempre ganha a corrida. E o guerreiro mais forte, nem sempre vence a batalha." Ec 9:11

Em 1986, Gianni Poli, venceu a maratona de Nova York em 2 horas, 11 minutos e 6 segundos, ganhando destaque mundial pelo seu feito. Entretanto, outro homem chamou atenção do mundo inteiro e não foi o campeão e mais veloz da maratona, na verdade, foi o corredor mais lento da história das maratonas. Enquanto o mais rápido venceu em 2 horas e pouco a maratona de Nova York, o mais lento demorou 98 horas, 48 minutos e 17 segundos para finalizar. O homem mais lento da maratona viu 502 pessoas passar na sua frente. Este mesmo homem correu a maratona de Los Angeles e demorou 173 horas para ultrapassar a linha de chegada.

Mas, antes de você fazer qualquer julgamento sobre esse corredor, que demorou tanto, é preciso compreender o motivo de sua demora. Bob Wieland, completou a maratona correndo com as mãos e não com os pés. Isso, porque ele perdeu as suas pernas durante a Guerra do Vietnã. Bob poderia usar uma cadeira de rodas, mas ele resolveu desafiar a si mesmo. Ele se tornou conhecido como "O homem inspirador". Certa vez, um jornalista perguntou-lhe como conseguia realizar tanto apenas com as mãos. Ele respondeu: "É pela Graça de Deus! Faço tudo um passo de cada vez."

Bob nos faz lembrar que a vitória não é a do mais rápido. É bom lembrar que as lesmas, com muita perseverança e determinação, também entraram na Arca de Noé. Talvez os problemas da vida tenham marcado profundas cicatrizes em você e o desejo de desistir seja maior do que o ânimo para continuar. Provavelmente, as comparações trouxeram desanimo ao seu coração, mas entenda, quem vence a corrida não são os velozes, mas os perseverantes, quietos, e, mesmo se arrastando, continuam na "guerra". Continue!

30. ASSISTINDO PORNOGRAFIA!

"Quem esconde os seus pecados não prospera, mas quem os confessa e os abandona encontra misericórdia."
Pv 28:13

O pastor Tim Dilena, da Times Square Church, em Nova York, conta uma história de alerta. Há muitos anos, foi ministrar numa cidade do Canadá e chegou no hotel já tarde da noite. Como qualquer viajante, colocou a mala no chão e começou arrumar as coisas, em seguida ligou a televisão. Quando o filme acabou, começou um programa de pornografia. Impulsionado pela carne, ficou assistindo por alguns instantes. O temor tomou conta do seu coração e no mesmo instante ele ligou para sua esposa e, com arrependimento, confessou o ocorrido. Mas ele também resolveu ligar para o pastor da Igreja que ia pregar no Canadá e confessou. Suas palavras: "Meu amigo e pastor, aconteceu isso e isso, se não quiser que eu pregue, não tem problema, porém, ore por mim!"

Alguém lhe questionou, o porquê ele havia ligado para sua esposa e para o pastor, ele respondeu: "Precisava fechar a brecha". E continuou: "Só conto essa história, porque hoje estou de pé, se eu deixo aquela brecha crescer poderia ser o início do meu fim, do fim da minha vida espiritual, da minha família e do meu ministério, seria apenas questão de tempo."

Nunca devemos esquecer que: só cresce o que alimentamos. Se alimentarmos a natureza carnal e seu apetite, ela dominará nossa vida. Se alimentarmos o espírito, nosso apetite pelas coisas divinas crescerá. Um dos motivos pelo qual muitas pessoas não conseguem se livrar dos vícios e pecados é a brecha. As brechas abertas ao longo do tempo, causam quedas escandalosas. Aquele que confessa e deixa alcança misericórdia!

31. GAMBÁ DENTRO DE CASA

"Em tudo somos atribulados, mas não angustiados; perplexos, mas não desanimados. Perseguidos, mas não desamparados; abatidos, mas não destruídos."

2 Co 4:8,9

Uma mãe na cozinha de casa se perguntou: "Cadê os meus filhos? Essa casa está muito quieta, devem estar aprontando alguma coisa". Ao olhar pela janela se deparou com suas cinco crianças em volta de algo. Saiu para ver o que elas estavam fazendo. Chegando perto se assustou, as crianças estavam encantadas com filhotes de gambás. A mãe olhou e gritou: "Corram! Corram!" Cada criança pegou um gambá e saiu correndo para dentro da casa.

Não sei se já percebeu, mas, às vezes, a vida é assim, quanto mais se grita, mais fede. Quanto mais tentamos resolver certos problemas, mais feio ficam.

Tiago disse: *"Meus irmãos, considerem motivo de grande alegria o fato de passarem por diversas provações, pois vocês sabem que a prova da vossa fé produz perseverança".* Tiago afirma que existe um propósito maior que a solução imediata. Existe algo que Deus está fazendo, mas hoje você não vê. Devemos entender também que as provações, às vezes, vêm e ficam, com o tempo, até pioram ou até se multiplicam. São nesses momentos que somos testados.

Paulo disse: *"Em tudo somos atribulados, porém não angustiados; perplexos, porém não desanimados; perseguidos, porém não desamparados; abatidos, porém não destruídos".*

Davi disse: *"Muitas são as aflições do justo, mas o Senhor o livra de todas."*

Tiago foi enfático: *"Irmãos em Cristo considerem motivo de grande alegria o fato de passarem por diversas provações."* Mas que sentido faz sorrir enquanto estamos sofrendo? Devemos entender que as provações não trazem alegria, mas a alegria vem quando entendemos que toda provação está debaixo da autoridade de um Deus que é Soberano e que usa as minhas dores para um grande propósito!

O percurso da nossa história, do nosso período de sofrimento não pegou Deus de surpresa! Tiago encoraja a Igreja a enfrentar as provações, não pelos efeitos tristes que elas causam, mas por entender que elas também estão debaixo da autoridade de um Deus, que usará minha dor para o meu crescimento.

Não se desespere. Confie! Confie em Deus em meio à sua dor! Confie em Deus quando tudo diz não!

Charles Swindoll listou alguns sinais de quem não confia em Deus:

- Quando você resolve ir na frente de Deus, você não confia em Deus.
- Quando você manipula situações, você não confia em Deus.
- Quando você não consegue mais dormir, você não confia em Deus.
- Quando você duvida dos princípios e promessas bíblicas, você não confia em Deus.
- Quando você escolhe se preocupar, você não confia em Deus.
- Quando você tenta arrumar o que é impossível, você não confia em Deus.
- Quando você pede ajuda aos outros em primeiro lugar,

você não confia em Deus.
- Quando você lidera sem oração para ser guiado pelo Espírito Santo, você não confia em Deus.
- Quando você procura os outros só para sentir-se amado e seguro, você não confia em Deus.

32. PERDOADA

"E disse a Jesus: Senhor, lembra-te de mim, quando entrares no teu Reino. E disse-lhe Jesus: Em verdade te digo que hoje estarás comigo no Paraíso." Lc 23:42,43

A história que vou te contar agora não é ficção é real. Aconteceu na casa de amigos próximos e tenho permissão da família para contar. Tive a oportunidade de ministrar na cidade de Sapucaia do Sul (RS) por muitas vezes. Ali, conheci uma jovem, cunhada do Pastor André Roque, pastor naquela cidade. Assim que a vi, pude notar a tristeza em seu olhar, com claros sinais de depressão ou algo semelhante.

Certo dia, recebi uma ligação do Pastor André e sua esposa Elisa. A notícia me gerou uma mistura de angústia, porém alívio ao mesmo tempo.

Eles me contaram que, numa madrugada, aquela jovem se enrolou no cobertor, despejou álcool e ateou fogo sobre seu corpo. O fogo e a fumaça tomaram conta de todo ambiente, tanto que a mãe e os vizinhos acordaram. Imediatamente, a mãe começou a clamar por misericórdia enquanto tentava acalmar as chamas do fogo.

Entre os vizinhos, havia um grupo de irmãos da Igreja, incluindo um pastor. Desespero e oração, essa era a reação de todos.

A ambulância chegou para retirar da casa o corpo daquela jovem. Neste momento, seu corpo já estava 80% queimado. Quando a transportavam para a ambulância, mesmo com todas as feridas, seus lábios e rosto desconfigurados, ela disse: "Mãe, mãe, pode parar de orar, fui perdoada, fui perdoada. Eles já vieram me buscar. Cante o hino 'Mais perto quero estar de Ti Senhor, nem que seja a dor...'."

Com esse testemunho concluo que ninguém tem poder de opinar sobre o mistério da salvação, está muito além da capacidade humana. O céu é lugar de surpresas!

33. CONQUISTANDO O MUNDO, MAS SEDUZIDO PELOS PRAZERES

"Cada um, porém, é tentado pelo próprio mau desejo, sendo por este arrastado e seduzido. Então esse desejo, tendo concebido, dá à luz o pecado, e o pecado, após ser consumado, gera a morte." Tg 1:14,15

Você já ouviu falar de Marco Antônio de Roma? Ele foi o homem mais poderoso em Roma depois de Júlio Cesar. Um pensador inigualável, era poderoso nas palavras e estrategista de guerra. Venceu inúmeras guerras para Roma. Um dos homens que mais conquistou território ao Império Romano. Dizem que Marco Antônio era capaz de conquistar o mundo, mas não conseguia resistir ao prazer, à paixão, não conseguia vencer as tentações. Ele se autodestruiu. Durante a liderança de Marco Antônio, a cidade de Roma foi arremessada a um nível desenfreado de prazeres, que chegaram a se perder no tempo, não sabiam ao certo os dias e horas. Foi preciso realinhar todo o calendário, pois os prazeres apresentados pelo líder levaram a cidade ao total desequilíbrio.

Lamentavelmente, não precisamos ir longe para saber que há cristãos com a mesma capacidade. Conseguem realizar grandes coisas para Deus, são educados, gentis, bons comunicadores e trabalhadores, mas falham quando o assunto é prazer, tentação e desejo.

Observe o processo:

"Cada um, porém, é tentado pela própria cobiça, sendo por esta arrastado e seduzido. Então a cobiça, tendo engravidado, dá à luz o pecado; e o pecado, após ter-se consumado, gera a morte."

Todos somos tentados. Não existe vacina contra tentações. Constantemente, você é tentando por algo, não apenas sexual. Tudo começa no pensamento, questionamento ou decepção. Um pensamento distorcido leva a um desejo distorcido, e isso gera o pecado. Observe a expressão de Tiago: "...*é tentado pela **própria cobiça**, sendo por esta **arrastado e seduzido**...*" Você não é tentado por Deus. Deus não tenta ninguém!

Você é tentando pela sua própria cobiça...
Cobiça de atenção,
Cobiça de domínio,
Cobiça de poder,
Cobiça de grandeza,
Cobiça para se livrar de algo...

Desta forma, você é arrastado e seduzido. **"Seduzir"** – atração que vem de fora para dentro. É como um peixe que vai atrás do anzol. Ele não visualiza o anzol e vai atrás, seu desejo está na isca, o anzol está escondido. O desejo vai atrás de algo que está diante de seus olhos, não pelo que está detrás. O problema da tentação está em nós. Como peixe somos seduzidos pela isca. Seduzidos pela oportunidade que aparecer; oportunidade de tirar vantagem; oportunidade de mentir; oportunidade de trair; oportunidade de se jogar no mundo escuro da internet.

[5] *„Então, a cobiça, tendo engravidado, dá à luz o pecado; e o pecado, após ter-se consumado, gera a morte".*

Observe o estrago: quando o objeto de tentação e a cobiça se juntam, geram a tentação consumada. E isso tudo leva à morte!

34. ANDAMOS POR FÉ, NÃO POR VISTA!

"Porque andamos por fé, e não por vista."
2 Co 5:7

Na França, Espanha e Inglaterra as pessoas afirmavam que a existência se limitava apenas ao que viam. Eles asseguravam: "Isto que vemos é o mundo todo, e nada mais há debaixo do sol". Porém, havia um homem entre eles, por nome Columbus, tachado como tolo. Ele acreditava que existia muita terra do outro lado.

Columbus, então, resolveu realizar uma longa viagem. No meio do caminho, alguém lhe disse: "Vamos voltar, não iremos achar nada." Mas Columbus perseverou e assim achou as Américas.

O mundo diz: "Este é o nosso mundo, nada mais existe. Vamos comer, beber e festejar." Mas aquele que é sábio e tem fé em Deus diz: "NÃO! Não podemos caminhar por vista, andamos por fé. Se achamos que as coisas deste mundo são únicas e infindas, e que nada mais há depois disso, seremos os mais tolos dentre os viventes!"

ANDAMOS POR FÉ! Não vemos, mas de passo em passo caminhamos para nova Jerusalém! A falta de fé te afunda! Se Pedro tivesse fé ele teria descoberto as Américas antes de Columbus, pois teria atravessado o Atlântico!

Uma das piores crises que já existiu na história aconteceu em Samaria. A fome era tão grande que mulheres planejavam comer seus filhos. Imagino que a conversa era: "Se ficarmos na cidade vamos morrer, se sairmos vamos morrer, se formos para outras cidades também morreremos. E agora, o que fazer?" Naquele cenário precário apareceu Eliseu dizendo: "Amanhã neste mesmo horário terá comida para todos". A esperança estava na boca de Eliseu.

A esperança desse mundo está na Igreja, por meio de Jesus. Não coloque sua esperança em nada, a não ser na pessoa de Jesus Cristo. Quando todos os recursos do mundo se findaram, apareceu Eliseu.

35. QUEIME OS NAVIOS!

"Eliseu voltou, apanhou a sua parelha de bois e os matou. Queimou o equipamento de arar para cozinhar a carne e a deu ao povo, e eles comeram. Depois, levantou-se e partiu com Elias, tornando-se o seu auxiliar."
1 Rs 19:21

No dia 19 de fevereiro de 1519, o explorador espanhol Hernán Cortés embarcou rumo ao México com 11 navios, 13 cavalos, 110 marinheiros e 553 soldados. A população indígena era de aproximadamente 5 milhões de pessoas. Numa rápida conta, seria aproximadamente 7.541 contra um. Duas embarcações falharam na tentativa de se estabelecer na nova terra.

Mas o que Hernán fez foi diferente do que qualquer outro explorador antes dele. A missão dele era: tudo ou nada. Retornar à Europa não era opção. Com isso, mandou queimar os navios assim que chegaram. Ele queria que o povo entendesse que a maioria das pessoas falham porque tem um plano B na cabeça. Quando o plano A parece que vai falhar, as pessoas recorrem ao plano B. Vivem com os planos B, C, D simplesmente porque não queimaram os navios!

Eliseu fez a mesma coisa, queimou tudo. Era como se dissesse: "Fui chamado pelo Senhor e voltar não é mais uma opção. Deus não falha em seus planos!" Um dos claros motivos que muitos não são efetivos e falham é porque já entram na batalha com medo ou com segundo plano em mente. O ministério é um caminho sem volta, é de entrega absoluta. Queime seu plano B!

36. FRUSTAÇÕES MISSIONÁRIAS

*Por que estás abatida, ó minha alma,
e por que te perturbas dentro de mim?
Espera em Deus, pois ainda o louvarei.
Ele é a salvação da minha face e o meu Deus.*
Sl 42:11

Em 1923, a Igreja Filadelfia de Estocolmo, na Suécia, enviou um casal de missionários para trabalhar no meio da floresta, seus nomes eram David e Svea Floods. As dificuldades enfrentadas foram imensas, ninguém do vilarejo queria aceitar Jesus. Num certo dia, um menino de cinco anos foi levar ovos na casa dos missionários, até para o menino a missionária pregou o Evangelho, mas nada de positivo.

Dias depois, a missionária engravidou e, no dia 13 de abril de 1923, deu à luz a uma menina por nome Aina.

Todavia, a missionária Svea contraiu malária, não resistiu e veio a falecer 17 dias após o nascimento da filha. O marido David fez um caixa e enterrou sua amada, de apenas 27 anos, nas montanhas da floresta. Angustiado, sem força e equilibro deu a sua filha a um grupo de missionários e foi embora pra Suécia. O casal, que ficou responsável pela recém-nascida, acabou entregando a menina a outro casal de missionários americanos. Então, deram a ela novo nome, passou a se chamar Agnes. Posteriormente, o casal se mudou para os Estados Unidos da América.

O pai, David, quando voltou para Suécia se revoltou contra Deus. Passou o resto da vida nos bares da cidade praguejando, e não suportava ouvir falar sobre Deus, por causa do ódio dentro do peito. Em decorrência do estilo de vida degradante, foi parar no hospital, à beira da morte.

Neste mesmo tempo, sua filha já adulta, se tornou esposa de um pastor e descobriu o paradeiro de seu pai biológico. Foi então que decidiu ir até a Suécia conhecê-lo. Chegando no hospital, o pai imediatamente disse em lágrimas: "Aina, Aina, nunca foi a minha intenção te abandonar". Em seguida, se reconciliou com Deus.

Quando regressava aos EUA, recebeu uma ligação. Estavam lhe informando que seu pai havia falecido e já estava com Deus.

Um tempo depois Agnes participou de conferência pentecostal em Londres, um dos preletores se chamava Ruhigita Ndagora. Ao ouvir o sermão, Agnes reparou que ele residia exatamente onde ela havia nascido. Ao conversar com o preletor, ele disse: "Quando criança, um casal de missionários pregou para mim. Naquele lugar, acredito que eu tenha sido o único a aceitar o evangelho. Depois de um tempo a missionária faleceu. Nunca mais ouvi falar do marido e da filha recém-nascida. Naquele momento, em lágrimas, Agnes revelou que a menina era ela.

Aquele pai acreditava que sua vida tinha sido em vão. Ele projetou, mas tudo aconteceu ao contrário do planejado. O pecado e o ódio dominaram sua vida, ele só conseguia enxergar as frustrações, seu coração se revoltou contra Deus.

Ao me deparar com essa história, minhas lágrimas rolaram, pois, aquele missionário gastou sua vida nos bares, se queixando de Deus, pensava ele que seu trabalho não havia sido efetivo. Quando na verdade, devido sua fé e coragem, um menino aceitou à Cristo. Esse mesmo menino foi responsável por dois hospitais, 35 clínicas, 56 centros educacionais de costura e leitura voltados à mulheres, sem contar as inúmeras escolas que ele estabeleceu. Enquanto isso, um homem vagando pelos bares de Estocolmo, achando que Deus o tinha iludido e tudo havia sido em vão!

37. ALEXANDRE ME DEU DINHEIRO

"E tudo quanto pedirdes em meu nome eu o farei, para que o Pai seja glorificado no Filho." Jo 14:13

Certa vez, um homem chegou em Alexandre O Grande pedindo a ele dinheiro, uma quantidade alta de dinheiro. Alexandre disse a ele assim: "Vá ao meu tesoureiro e pega o quanto você precisar. Depois de um tempo, o tesoureiro chegou em Alexandre horrorizado com a quantidade de dinheiro que o homem havia levado.

Alexandre o respondeu: "Ele me pediu por ser Rei, eu dei a Ele como um Rei". Era como se estivesse dizendo: "Ele não veio pedir a qualquer pessoa. Se ele quisesse algo pequeno, pediria a qualquer um, mas ele pediu a um Rei, então eu dei como um Rei!"

Orar em nome de Jesus é o mesmo que afirmar: eu creio no sacrifício do teu filho, ó Deus. Eu creio que Jesus de Nazaré é a revelação do Pai. Eu creio que todo poder está em Jesus. Eu creio em Mateus 28:18 "É-me dado todo o poder no céu e na terra."

Não oramos a qualquer pessoa, falamos com Jesus. Todo poder pertence a Ele. Certa vez, um homem questionou assim: "Faço parte da Igreja há muitos anos. Sou líder do departamento de Escola Dominical há 25 anos. E Deus não responde as minhas orações. Por quê?"

O problema daquele irmão era que ele orava em seu próprio nome, em seu próprio currículo. Por algum tipo de merecimento. Devemos chegar a Deus em nome de Jesus, que nos purifica para chegarmos diante do trono.

O final do versículo desta reflexão diz: *"a fim de que o Pai seja glorificado no Filho."* Orar não é pegar ou tirar algo de Deus. Na verdade, na oração Deus tira algo de nós. Ele é glorificado. Pedir em nome de Jesus é se submeter a vontade de Deus, como foi com Jesus na terra.

38. O FIM DE DANIEL BERG

"Sabendo que receberão do Senhor a recompensa da herança. É a Cristo, o Senhor, que vocês estão servindo". Cl 3:24

Não sei se você sabe, mas a Assembleia de Deus no Brasil foi fundada por dois homens, Daniel Berg e Gunnar Vingren. Vingren era o teólogo estudioso, apreendeu bem o português. Já Daniel Berg, nunca foi consagrado à pastor, ele trabalhava, para que Vingren pudesse estudar português. Daniel foi trabalhar como fundidor. O que Gunnar apreendia durante o dia, ensinava Daniel à noite. Mesmo com corpo cansado, ele tentava apreender algo.

Junto com Vingren, Daniel Berg fundou a Assembleia de Deus em Belém do Pará. Gunnar Vingren partiu para outras regiões e mesmo com toda limitação, Daniel Berg também avançava na evangelização.

Daniel se casou com a irmã Sara e foi pra Vitória (ES). Ali fundou as Assembleias de Deus. Em Santos (SP), estabeleceu a primeira Assembleia de Deus do Estado. Logo após, ele seguiu para capital de São Paulo para dar sequência à evangelização.

Em seguida, Daniel pega um navio e vai para Porto, em Portugal, também na evangelização. Quando volta ao Brasil, segue direto à cidade de Santo André (SP).

As Igrejas cresciam, outros pastores assumiam as grandes Igrejas e nada de Daniel Berg se tornar um pastor. Observe como o descreviam: "Era muito humilde, apenas um evangelista, analfabeto, nunca aprendeu falar português direito." Das grandes reuniões de Convenção, ele não fazia parte.

Quando estava para encerrar sua jornada no Brasil, a fim de se sustentar, ele vendia bíblias na porta da sede da

Assembleia de Deus em São Paulo. Há relatos que ele enchia sua bolsa de folhetos e andava pelas ruas de casa em casa pregando a palavra. Certa vez, ainda em São Paulo, ele chegou na casa em que estava hospedado com muitas feridas nos pés. A irmã, anfitriã, sentiu compaixão e fez curativos nas feridas de Daniel Berg, em seguida, lhe pediu que ficasse de repouso, sem colocar peso sob os pés. Quando a irmã acordou pela manhã, não avistou mais Daniel Berg. Onde ele estava? Nas ruas, trabalhando pro Reino de Deus.

Em vida, Daniel Berg não teve o reconhecimento que merecia, afinal, foi o fundador da maior denominação pentecostal do Brasil. Porém, nunca se ouviu reclamação de sua boca por isso, pelo contrário, ele sabia que sua recompensa seria no céu, não aqui. Uma das canções que ele amava cantar era:

Já achei uma flor gloriosa
E quem deseja a mesma terá
A rosa de Saron preciosa
Entre mil mais beleza terá

No vale de sombra e morte
Nas alturas de glória e luz
Essa rosa será minha sorte
Precioso pra mim é Jesus!

Precioso pra mim é Jesus
Precioso pra mim é Jesus
Eu confesso na vida e na morte
Que tudo pra mim é Jesus!

Mesmo sem holofotes, Daniel Berg impactou não só a sua geração, mas as futuras. Um homem simples, mas cheio do Espírito Santo. Analfabeto no português, mas tomado por um poder incomum. Pobre, mas com chamas na alma!

39. PICANDO UMA ÀGUIA E CAINDO COMO UM CORVO

"Irmãos, não penso que eu mesmo já o tenha alcançado, mas uma coisa faço: esquecendo-me das coisas que ficaram para trás e avançando para as que estão adiante, prossigo para o alvo, a fim de ganhar o prêmio do chamado celestial de Deus em Cristo Jesus".
Fp 3:13-14

Você já viu uma águia? Não é tão fácil assim. Mas quando a avistamos, temos certeza de que é um pássaro diferente de todos. Ave majestosa, com asas impressionantes. Seu olhar é de seriedade. Sua habilidade de caça é precisa. Porém, o mais interessante é o voo da águia. Ela não voa baixo como outras aves, sempre em um nível elevado.

A águia voa até aproximadamente 10 mil pés de altura. O próprio Salomão disse: *"Estas três coisas me maravilham; e quatro há que não conheço: O caminho da águia no ar; (...)"*.

Não encanta apenas a Salomão, mas também a mim. O voo do cristão tem de ser como o da águia, entretanto, é difícil ser semelhante a águia estando cercado por um mundo medíocre. Não existe a possibilidade de voar como a águia, preso em um ímã cultural que leva você para baixo. É difícil voar como uma águia, cercado por tartarugas.

Aqueles que desejam ter uma vida diferente semelhante à da águia, necessitam assinar declaração de independência. Entenda: voar alto é ir contra a opinião pública. É, na verdade, não andar de acordo com a multidão.

A única ave ousada em picar uma águia é o corvo. Ele gruda na águia enquanto ela está voando, mas a águia não faz nada, não revida, não retruca, nem se balança para derrubar o corvo. A estratégia da águia é subir mais alto, ela vai subindo, subindo, pois, quanto mais alto, pior para o corvo respirar. O corvo fica apenas com duas opções: ou solta por vontade própria ou perde a respiração, de qualquer jeito ele vai cair.

Nessa simples história, o corvo é o símbolo das coisas que te prendem, que te impedem de avançar. O corvo simboliza os traumas, rancores, feridas abertas. Mas a nossa vida com Cristo é semelhante ao voo da águia no céu, é estar num nível em que as feridas abertas já foram cicatrizadas! É viver em uma dimensão com Deus, em que os traumas já não te impedem mais de avançar, pois também foram cicatrizados! A mensagem de Deus pra você hoje é: voe mais alto! Voar mais alto é andar com Cristo. Quanto mais próximo dEle você andar, mais distante ficará das feridas que os corvos querem deixar em você!

40. AVIVAMENTO EM ASBURY

"Ó Deus, tu és o meu Deus, de madrugada te buscarei; a minha alma tem sede de ti; a minha carne te deseja muito em uma terra seca e cansada, onde não há água". Sl 63:1

No dia 8 de fevereiro de 2023, em meio ao inverno Americano, alguns estudantes se reuniram, como de costume, para cultuar a Deus na Universidade Metodista de Asbury, Kentucky. Seria um culto normal na Universidade. O pregador da noite ministrava sobre o grande amor de Deus e aqueles jovens foram envolvidos. Após a ministração, um grupo começou a louvar, dentre eles, um jovem sentiu o temor e disse: "Pessoal, me intitulo como um cristão, mas bebo, durmo com mulheres, fumo maconha. Estou aqui pra dizer que tenho sido hipócrita. Tenho falhado demais. Quero pedir perdão a Deus e à minha liderança." Naquele momento, o temor do Senhor caiu sobre todos e o culto não parou mais!

Isso deixa claro que sem arrependimento, não existe avivamento. Todo avivamento que já aconteceu na história do mundo ou na história da Igreja deu grande ênfase à santidade de Deus.

O culto, que iniciou no dia 8, terminou apenas no dia 24 de fevereiro. Mais de 70 mil pessoas visitaram a Universidade para ver o que estava acontecendo. O que vai impactar essa geração não são as inovações, o profissionalismo, os efeitos de luzes ou as palavras bem elaboradas. O que traz impacto é a mensagem do evangelho de Jesus Cristo!

Leonard Ravenhill disse assim: "A igreja moderna diz que é preciso expandir e avançar. Isso é verdade, ela age assim, mas com a profundidade é um centímetro!" Concordo com Ravenhill, precisamos de profundidade!

Billy Graham afirmou: "Avivamento não é descer a rua com um grande tambor; é subir ao Calvário em grande choro."

41. QUEM OROU POR MIM TERÇA-FEIRA?

"Porque há esperança para a árvore que, se for cortada, ainda se renovará, e não cessarão os seus renovos".
Jó 14:7

O Pastor Jim Cymbala, líder da Igreja Brooklyn Tabernacle, em Nova York, conta o lindo testemunho de sua filha, Crissy.

A Igreja começou a expandir e o poder de Deus a invadiu de maneira sobrenatural. Certo dia, já no auge de seu ministério, sua esposa olhou para ele e disse: "Vamos perder nossa filha, ela está se desviando".

Pouco tempo depois, a menina de apenas 16 anos saiu da Igreja, arrumou um namorado, começou a usar drogas, engravidou, sua vida virou uma loucura. O coração do pastor Jim parecia não aguentar tamanha angústia. Tinham momentos que ele queria sair correndo da Igreja. Afinal, sua filha, primogênita, estava entregue ao mundo das drogas, jogada pelas ruas de Nova York.

Certo dia, no culto de oração de terça-feira, uma irmã chegou no pastor e disse: "Pastor Jim, Deus me tocou para que parássemos a programação do culto e fizéssemos uma oração por sua filha." Ele relutou por um instante, e pensou: "Como vou parar o culto para fazer uma oração pessoal, aqui tem tanta gente sofrendo, porque eu deveria parar o culto e orar por minha filha?" Mas ele sentiu que era de Deus.

Jim pegou o microfone e disse: "Irmãos, não falo muito sobre minha filha, mas a verdade é que estamos sofrendo demais. Uma irmã sentiu de orarmos por ela agora. Vamos orar?"

Naquele momento, segundo ele, o culto se tornou semelhante a uma multidão de mulheres em parto. Eram 1.600 pessoas em súplicas que gritavam: "Deus, vai ao encontro de Crissy, a filha do Pastor..."

Na quinta-feira, enquanto o Pastor Jim estava no banheiro fazendo a barba, com o rosto cheio de espuma, sua esposa gritou: "Jim, desce. Crissy está aqui." Ele desceu. Ela estava jogada no chão, em choro. Depois levantou a cabeça e disse: "Pai, quem estava orando por mim na terça-feira à noite?" Ele não respondeu, mas ela insistiu: "Pai, quem estava orando por mim na terça-feira à noite?" Ele ficou pasmo, então ela emendou: "Pai, terça-feira durante a noite tive uma visão. Eu estava caindo num precipício sem fim. Enquanto caia um medo gigante tomou conta de mim. Foi aí que percebi o quão errada estava, com rebeldia e coração duro." E continuou: "Ainda na visão, enquanto caia, um ser me abraçou e me impediu de ir mais fundo, em seguida me disse: 'Crissy, ainda te amo!' Foi então que entendi que alguém estava orando por mim na terça-feira à noite, pai!"

42. UMA LUZ EM BRIDGEPORT

"Para que sejais irrepreensíveis e sinceros, filhos de Deus inculpáveis, no meio de uma geração corrompida e perversa, entre a qual resplandeceis como astros no mundo". Fp 2:15

No final de 1988, a irmã Antônia Scavacini junto com seu esposo e dois filhos se mudaram de Americana (SP) para Bridgeport-Connecitut. Naquela época, os desafios de um imigrante eram gigantescos. Os recursos tecnológicos escassos, era como se estivéssemos tratando de outro mundo. No início, a comunicação era feita apenas por carta, depois, ocasionalmente, por telefone. Vale lembrar que a irmã Antônia havia aceitado à Cristo como salvador um pouco antes da sua mudança aos EUA.

O desafio era manter a fé numa região sem igrejas em seu próprio idioma. Sem contar as inúmeras barreiras culturais. Sendo assim, de 1988 a 1998, ela orava para que Deus enviasse uma boa igreja à cidade. Nesse período, a querida irmã Antônia ganhava almas para o Senhor nos cultos em seu lar, semanalmente. O nome do Senhor era glorificado.

Antônia foi minha tia por parte de mãe e, recentemente, após o falecimento de minha avó, encontramos alguns artigos antigos escondidos por ela e nos deparamos com uma carta de 1996. Vou resumi-la:

"A paz do Senhor! Tenho passado por muitas provas, mas sei que teremos vitória pela fé. Meu marido me deixou de novo, está morando com um amigo nosso. Ele está saindo com uma americana, ela tem quatro filhos e usa drogas. Por esses dias, ele veio aqui, pediu perdão, eu perdoei, porém à noite sumiu e não voltou mais. Meu carro está batendo motor de novo, já é segunda vez. Domingo passado, estávamos na pista quando começou a sair muita fumaça dele, parei e então começou a pegar fogo. Pulei do carro e uma moça parou para nos socorrer. Ela tinha um celular e nos ajudou chamando um guincho. Hoje, trabalho de carona com uma irmã. Deus preparou uma irmã pra morar comigo, sinto que isso foi preparado por Ele, pois eu não conseguiria pagar as contas sozinhas. Tivemos que mudar de casa recentemente. Tenho feito cultos de oração na casa desde que cheguei. Fizemos aos sábados, depois às terças-feiras, às quintas-feiras e agora vamos fazer às sextas-feiras. Deus tem feito muitos milagres, salvação, batismo com Espírito Santo, curas de enfermidades. Deus curou uma mulher desenganada pelos médicos, libertou outra. Nosso problema nesta casa é que o dono mora em cima e o barulho da oração incomoda.... Pela fé, teremos uma igreja aqui na cidade e vamos transferir os cultos da minha casa para lá por causa do barulho... Mas mãe, Deus está no controle de tudo!"

Ou seja, carro batendo motor, pegando fogo, traição do marido, mudança de casa, sem a presença dos pais ou irmãos de sangue; nenhuma formação bíblica; nenhuma base sólida teológica, sem crentes ao seu lado, falta do idioma, outra cultura, enfim, inúmeras barreiras. Mesmo assim ela disse: "Vamos fazer oração em minha casa". Ela orou pelos que estavam sofrendo!

Deus quer que você seja um farol de esperança nesse mundo! Dietrich Bonhoeffer disse: "Que a sua vida como um Cristão faça as pessoas questionarem a falta de fé em Deus."

Hoje, sou pastor da Igreja que nasceu na sala da irmã Antônia Scavacini em Bridgeport-CT, USA!

43. BILLY GRAHAM DE BRAÇOS ABERTOS

"Eu o instruirei e o ensinarei no caminho que você deve seguir; eu o aconselharei e cuidarei de você." Sl 32:8

Me lembro de um testemunho no velório de Billy Graham. Sua filha, Ruth Graham, que também leva o nome da esposa Graham, quando foi testemunhar sobre o seu pai, poderia contar inúmeras histórias, afinal, era ele quem estava sendo sepultado. Mas quando a filha foi falar sobre o pai, ela contou sobre seu próprio divórcio, de como o seu casamento acabou, após 21 anos.

Naquele tempo, a família achou melhor ela se mudar para outra região. Ela contou que após sua mudança, foi apresentada pelo pastor a um viúvo, e assim começaram a se conhecer. O seu pai Billy Graham e sua mãe disseram para ela ter calma. Não se precipitar. Mas ela pensou: "Meus pais não sabem o que é ser mãe solteira, nunca divorciaram, vou avançar nesse novo relacionamento." Ela se casou e, em 24 horas, sabia que tinha cometido um grave erro. O relacionamento foi uma tragédia, durou apenas cinco semanas. Ela começou a lutar consigo mesma, pois sabia que iria envergonhar seu pai, o famoso Billy.

Ruth conta que pegou o carro e estava voltando para a casa de seus pais. Billy Graham morava em uma montanha na Carolina do Norte. Em cada curva da subida, ela pensava: "O que meu pai vai dizer, olha a situação que estou!" Quando estava entrando na propriedade de seu pai, ela o avista em pé lhe esperando. Ao sair do carro, Billy disse a filha: "Bem-vinda à sua casa!" Depois ela disse assim: "Eu sei que meu pai não era Deus, mas ele me demonstrou como

Deus age. Embora eu tivesse cometido erros, tive um Deus que me abraçou e voltei a um lar do qual pertencia".

Paulo disse: *"Quem nos separará do amor de Cristo? A tribulação, ou a angústia, ou a perseguição, ou a fome, ou a nudez, ou o perigo, ou a espada? Como está escrito: Por amor de ti somos entregues à morte todo o dia: fomos reputados como ovelhas para o matadouro. Mas em todas estas coisas somos mais do que vencedores, por aquele que nos amou. Porque estou certo de que nem a morte, nem a vida, nem os anjos, nem os principados, nem as potestades, nem o presente, nem o porvir, nem a altura, nem a profundidade, nem alguma outra criatura nos poderá separar do amor de Deus, que está em Cristo Jesus, nosso Senhor!"* Romanos 8:35-39.

44. FORMIGA COM LENTE DE CONTATO

"Observas o meu andar e o meu deitar e conheces todos os meus caminhos." Sl 139:3

Uma moça estava escalando determinada montanha. Ao chegar lá em cima, uma corda escapou e bateu em seu olho fazendo com que caísse a lente de contato. A moça ficou desesperada, pois sem a lente ela não conseguiria enxergar nitidamente. Ainda precisava cumprir a missão de descer da montanha. Naquele instante, ela começou a orar a Deus para encontrar sua lente. Mas achar uma lente no topo da montanha é o mesmo que achar uma agulha num palheiro!

Um grupo de jovens estava subindo e um deles disse assim: "Hei, quem perdeu uma lente de contato? Pois aqui embaixo tem uma formiga carregando uma lente de contato!"

Quando a moça contou o ocorrido ao seu pai, ele, por ser cartunista, desenhou uma formiga levando uma lente de contato, como se estivesse dizendo as seguintes palavras: "Deus, eu não sei porque o Senhor quer que eu leve esse negócio, eu não posso comer isso, é pesado, mas se é isso que o Senhor quer que eu faça, eu levarei!" Resumindo: a oração é poderosa! O poder da oração não está naquele que a faz, o poder está em quem a escuta!

Kenneth Wilkerson disse assim: "Deus cria caminhos para um homem que ora."

Martinho Lutero foi enfático: "Quem orou estudou bem". Sinalizando que sem oração o sermão é fraco, pois é na oração que se descobre a vontade de Deus para os ouvintes.

Samuel Chadwick disse: "A presa é inimiga da oração."

É possível que, depois de orar, você venha sentir os ataques do inimigo, mas muita calma nesses momentos, os ataques do inimigo confirmam que você está indo na direção certa.

45. QUERO CONTAR EXPERIÊNCIAS MISSIONÁRIAS

"Não se amoldem ao padrão deste mundo, mas transformem-se pela renovação da sua mente, para que vocês experimentem a boa, agradável e perfeita vontade de Deus". Rm 12:2

Elisabeth Elliot foi uma grande missionária Americana, porém ela é mais lembrada pelo seu sofrimento e tudo que resultou dele. Elisabeth contou que durante sua juventude, o que ela mais ouvia ao redor da mesa eram testemunhos de missionários, homens ou mulheres, na Floresta Amazônica ou desbravando África e Ásia.

Naquela época, todo jovem queria ser um pregador ou um missionário. Sua própria família vinha de uma linhagem de missionários. Ou seja, ir para o campo era algo que já estava no sangue. Ela contava que o seu sonho era fazer o trabalho e um dia retornar aos EUA para compartilhar os testemunhos de milagres e salvação de almas e, com isso, inspirar outras pessoas a fazer o mesmo.

Ela foi para missão, trabalhar no meio dos indígenas, no Equador. Seu esposo, Jim Elliot, foi morto pelo povo do qual ele pregava a palavra de Jesus. Mesmo assim, ela continuou pregando para àqueles que tinham matado seu esposo.

Elisabeth casou-se novamente, porém o segundo marido morreu de câncer. Se o seu sonho era se tornar uma grande missionária das florestas da América do Sul, suas dores, sofrimentos, perdas de esposos, tudo isso, a tornou uma grande pregadora sobre como encontrar a Deus no meio do sofrimento.

Posso afirmar que ninguém pregou, escreveu ou ensinou sobre sofrimento como Elisabeth Elliot. Mais de 20 livros publicados e inúmeros sermões que impactaram milhares de pessoas. Enfim, essa era a vontade de Deus em sua vida, lhe tornar uma voz poderosa às pessoas feridas e sem esperança!

46. SALVOS POR UM MERGULHO

"Quando você passar por águas profundas, eu estarei ao seu lado; quando tiver de atravessar grandes rios, eles não o encobrirão; quando tiver de passar pelo fogo, não se queimará. As chamas não farão mal a você." Is 43:2

No ano de 2004, quando ocorreu aquele tsunami na Tailândia, um casal, Karina e Isaac Dubeux, havia mergulhado cerca de 23 metros de profundidade no Oceano. Os dois estavam totalmente submersos, quando uma onda gigantesca passou por eles, atingindo uma velocidade impressionante de 800 km/h. No fundo, nem sentiram a agitação de cima. Eles foram salvos por um mergulho! Entendeu? Salvos por um mergulho! A profundeza da oração é o resgate para os conflitos da vida. A oração nos tira do raso.

Quando você dobra o joelho, automaticamente, se coloca em posição de vencedor. A posição de vencedor não ocorre como em um pódio Olímpico, em que o primeiro, segundo e terceiro lugar recebem medalhas de ouro, prata e bronze. A plataforma de um cristão são os joelhos dobrados. Jesus disse: *"Entra no teu quarto e ora ao teu Pai, pois Ele vê aquilo que está oculto e te recompensará publicamente."*

Este princípio foi Jesus quem nos ensinou. A guerra não é vencida na conversa; guerra não é vencida com o nome; guerra não é vencida por estratégias humanas. Quando você se coloca de joelhos, está se colocando em postura de triunfo.

Apreendi recentemente, na minha região, onde o inverno é rigoroso e chega a -15°, -25°, o porque os canos de água nas ruas não congelarem. É porque eles estão numa profundidade o suficiente para serem protegidos do congelamento! Dentro de casa até entendemos, pois, todas possuem aquecedor.

Oração é profundidade, que não te deixa esfriar!
Oração não deixa seu coração gelado.
Oração não deixa sua alma fria.
Oração não deixa você perder a esperança.

47. SISTEMA DE AQUECIMENTO

"O fogo arderá continuamente sobre o altar; não se apagará."
Lv 6:13

Certa vez, um grupo de estudantes foi à Igreja Tabernáculo Metropolitano, do Rev. Charles Haddon Spurgeon. O sonho deles era conhecer e ver de perto o príncipe dos pregadores ministrando. Como chegaram muito cedo no culto, ficaram sentados do lado de fora, porém, não sabiam que o culto já havia iniciado. Não como eles imaginavam, com os tradicionais louvores e uma multidão na porta do lindo templo Londrino.

Um diácono viu aquele grupo de jovens sentado, esperando o culto iniciar, então resolveu fazer um convite a eles. Ele disse: "Jovens, vocês querem ver o sistema de aquecimento da nossa igreja?" Logo aqueles jovens pensaram no frio Londrino e, consequentemente, no sistema que aquece o templo para que todos ficassem mais confortáveis. Porém, não era inverno, era verão. Então pensaram: "Não viemos aqui pra ver o sistema de aquecimento de um prédio, mas como estamos sentados do lado de fora, vamos lá dentro ver a estrutura do templo."

O diácono foi conduzindo-os até o porão do templo. Quando chegaram avistaram 700 pessoas orando pelo culto que se iniciaria em breve. O diácono olhou para os jovens e disse: "Aqui está o sistema de aquecimento da nossa igreja."

Desta forma, posso concluir que o culto já tinha começado.

A diferença de uma Igreja está baseada em seu compromisso com Deus na oração. O culto não se inicia quando os louvores começam!

48. O PARALÍTICO DISSE: QUERO SER CHEIO DO ESPÍRITO

"Ora, àquele que é poderoso para fazer tudo muito mais abundantemente além daquilo que pedimos ou pensamos, segundo o poder que em nós opera." Ef 3:20

Smith Wigglesworth pregava pela Inglaterra, num certo dia, um irmão chegou nele e disse: "Temos um irmão aqui na cidade que é paralítico. Vive na cadeira de rodas há mais de 20 anos." Smith Wigglesworth vai ao rapaz e pergunta: "Qual é o maior desejo do seu coração?" O rapaz respondeu: "Meu maior desejo é ser cheio do Espírito Santo." Naquele momento, Smith Wigglesworth orou por ele, e na mesma hora o rapaz foi cheio de Deus. Ele se alegrou tanto, que começou a falar em línguas estranhas e até caiu da cadeira de rodas.

Enquanto isso acontecia, o Pastor Wiggleswoth olhou para as pernas daquele homem e pensou: "Com todo esse peso e pernas tão finas é impossível ele conseguir andar." O Pastor Wiggleswoth consultou a Deus: "E agora, o que eu faço?" Foi quando Deus disse: "Manda ele se levantar e andar." O Pastor duvidou e disse: "Por favor, levantem ele". Mas o homem era tão pesado que ninguém conseguia, ainda mais revestido de poder.

Entenda: a direção do Espírito é tão necessária, pois com ela você saberá exatamente o que Deus quer para momentos como esse. Foi então, que o Pastor Wiggleswoth disse: "Levanta e anda". Na mesma hora, o homem se levantou e andou.

Após um mês, ele andou 2 milhas e se tornou pregador da palavra.

O interessante da história foi que aquele homem não pediu para andar, ele quis o toque do Espírito Santo, por isso, recebeu a cura de sua enfermidade.

Buscar a Deus acima dos nossos interesses é ver Deus fazendo absolutamente além daquilo que pedimos ou pensamos!

49. A ETERNIDADE ME ASSUSTA!

"Portanto, vigiem, porque vocês não sabem o dia nem a hora."
Mt 25:13

Lembro-me da história de uma senhora que passou a noite toda na gandaia e, quando chegou em casa, já tarde, encontrou sua empregada, que era uma jovem quieta, ocupando seu tempo lendo um livro de capa preta. A senhora se inclinou sobre o ombro da garota e, olhando na página aberta, disse, rindo: "Menina melancólica! Gostaria de saber se você não se cansa de ler coisas tão inúteis como essa?!" A patroa se retirou para a cama, mas não conseguiu dormir, pois durante a noite ela se jogava para lá e para cá, chorando e suspirando.

Ao descer pela manhã, a jovem empregada percebeu o quão doente estava a patroa e, gentilmente, perguntou se havia algo de errado. Por fim, explodindo em uma enxurrada de lágrimas, a senhora disse: "Oh! Uma palavra que vi no seu livro, quando olhei para você na noite passada, me incomodou; me assombra desde então". "Que palavra, senhora?", questionou a jovem. "Essa terrível palavra: ETERNIDADE!", respondeu a senhora. "Eu gostaria que não houvesse eternidade - ou que eu estivesse preparada para isso."

O evangelista Leonard Ravenhill afirmou: "Muitos pastores me criticam por levar o Evangelho tão a sério, mas eu pergunto se eles realmente acham que, no dia do julgamento, Cristo me castigará dizendo: 'Leonard, você me levou a sério demais'."

Em Mateus 25, Jesus nos conta três histórias. Temos a parábola das virgens prudentes ou tolas. Depois, a parábola dos talentos e, finalmente, a parábola das ovelhas e dos bodes. Há algo em comum nessas três parábolas. A lição é: Não é todo mundo que vai para o Céu. Há consequências por viver uma vida egoísta e há uma recompensa por viver uma vida de retidão. Na primeira parábola, os vencedores foram chamados de sábios. Já na segunda, foram chamados de fiéis. E, na terceira parábola, de justos, sábios e também fiéis. Os perdedores são tolos, maus. Essas três parábolas nos ensinam que ninguém nasce perdedor, mas podemos ver que cada um fez sua escolha. Isso significa que todos tiveram a oportunidade de estar do lado certo, do lado vencedor. Cheios de azeite na primeira parábola; cheios de talentos na segunda; e tiveram a chance de fazer a coisa certa para os pobres e doentes na última parábola.

Cada grupo de perdedores tem suas explicações, suas desculpas e também seus desejos de ganhar brindes, mesmo sem seguir as regras. A vinda do Senhor será um tempo de avaliação e de separação. Todas as dez noivas eram virgens e todas se pareciam. Mas o resultado das virgens tolas é justamente uma "porta fechada". Jesus, o noivo, disse: "A verdade é que não as conheço."

Deixe-me dar uma lição rápida sobre cada uma dessas três parábolas.

Na parábola número um, o que estava por dentro, no íntimo das virgens tolas, não era bem-cuidado, embora o exterior se parecesse com o das virgens prudentes. O interior é o que faz a diferença.

Na parábola número dois, recebemos moedas - chamadas de "talentos" – com intuito de produzir mais talentos, e tudo o que fizermos para Deus não passará despercebido.

Na parábola número três, Jesus não se parece com nenhuma das figuras que você já viu na parede. Ele não é preto, nem branco. Aqui, Ele é um condenado nu que tem fome e sede. Isso é o que Ele é. Nessa parábola, Ele disse: "Pois eu tive fome, e vocês me deram de comer; tive sede, e vocês me deram de beber; fui estrangeiro, e vocês me acolheram."

As palavras de Jesus eram sérias, não uma comédia como é hoje em muitos púlpitos. Isso me faz lembrar outras palavras de Leonard Ravenhill, que foi incisivo: "Se Jesus tivesse pregado a mesma mensagem que os ministros pregam hoje em dia, Ele nunca teria sido crucificado."

50. OS AVÓS DE ELON MUSK

"Não foi isso que eu ordenei? Seja forte e corajoso! Não tenha medo, nem fique assustado, porque o Senhor, seu Deus, estará com você por onde quer que você andar."
Js 1:9

Você já ouviu falar de Joshua Haldeman e Winnifred? Um casal canadense próspero, mas que perderam suas terras quando a crise de 1930 atingiu o Canadá. Enquanto enfrentavam a terrível crise, Joshua e sua família mudaram-se para a África do Sul. Eles decidiram não se lamentar, mas tentar algo novo.

Na África do Sul, o casal começou a pilotar avião. Desbravadores, quebraram o recorde mundial de viajar da África para Austrália em avião diferenciado. Até hoje o recorde não foi batido.

O histórico de desbravadores é familiar. A mãe de Josua Haldeman, Almeda Haldeman, foi a primeira quiroprática da história do Canadá.

Porém, Joshua Haldeman e Winnifred não foram conhecidos, mas tenho certeza que você já ouviu sobre o neto deles, Elon Musk.

Elon Musk cresceu ouvindo que seus avós eram heróis, corajosos, valentes e destemidos. Com isso, ele acreditou que também seria como eles.

Não estou aqui com palavras de autoajuda, nem usando histórias seculares para te inspirar, mas quero destacar que a coragem dos avós de Musk o inspirou.

Que sua mesa seja lugar de inspiração. Que nela sentem-se homens e mulheres diferentes, pessoas que têm Deus na vida, para que seus filhos possam afirmar: "Quero o mesmo

Deus dos meus pais, quero avançar como eles." Que sua fé inspire outras gerações. Chega de histórias de lamúrias, é tempo de viver Deus. Esta será a maior herança aos seus filhos!

51. NÃO VOU USAR MAQUIAGEM!

> *"Porém o Senhor disse a Samuel: Não atentes para a sua aparência, nem para a altura da sua estatura, porque o tenho rejeitado; porque o Senhor não vê como vê o homem. Pois o homem vê o que está diante dos olhos, porém o Senhor olha para o coração."* 1 Sm 16:7

A eleição presidencial nos Estados Unidos da América, em 1960, marcou uma geração. Como as redes sociais, que impactaram as últimas eleições ao redor do mundo, em 1960, foi a Televisão que ganhou destaque.

Dentre os candidatos, o republicano Nixon contra o jovem democrata de Massachusetts, John F. Kennedy. Seria a primeira vez da disputa com debate televisionado ao mundo todo. Naquela época, 90% dos americanos possuíam um aparelho de TV.

Kennedy, o mais jovem, recorreu aos produtores de Hollywood para obter dicas de como se portar em frente à Televisão. A principal dica foi: use um terno escuro, de preferência azul-marinho, vai te destacar melhor. O fundo seria cinza.

Nixon tinha acabado de se recuperar de um problema no joelho, além de uma virose. Ele usou um terno cinza, que deixou seu semblante mais pálido do que já estava. Enquanto Kennedy usou maquiagem, devido ao reflexo da luz. Nixon, disse que não usaria maquiagem e prontamente rejeitou a ideia. Os refletores fizerem Nixon parecer que estava suando, o problema no joelho deixou-o com uma postura completamente diferente da normal. Enquanto isso, Kennedy, com suas estratégias Hollydianas, parecia firme, bonito, elegante e presidencial.

Quem assistiu ao debate chegou à conclusão de que Kennedy foi o vencedor. Porém, quem ouviu pelo Rádio, achou que Nixon ganhou o debate.

Kennedy era criticado por ser jovem demais para liderar o País, mas após o debate e sua postura, as críticas desapareceram. Segundo especialistas, 3 milhões de pessoas decidiram votar em Kennedy em decorrência do debate.

Para resumir, acredito que dirão que foi uma eleição decidida devido à aparência, mas na verdade Kennedy nos ensinou a importância da dedicação e preparo.

52. AVIVAMENTO EM GALES

"E se o meu povo, que se chama pelo meu nome, se humilhar e orar, buscar a minha face e se afastar dos seus maus caminhos, dos céus eu o ouvirei, perdoarei o seu pecado e curarei a sua terra."
2 Cr 7:14

Guarde essa frase: "Quando Deus cansa de ser mal representado, ele envia um avivamento para mostrar quem de fato Ele é".

Em 1904, o cenário no País de Gales era feio. Escândalos, ateísmo, bebidas e prostituição.

Foi quando um rapaz chamado Evan Roberts, de apenas 26 anos, sentiu profunda tristeza sobre o fracasso do cristianismo em sua região. Por muitos anos, ele orava de segunda à noite na Igreja, terça orava em culto no lar, quarta no culto de ensino, quinta oração e sexta aula bíblica, sem contar as madrugadas em sua casa. Ele orava, mas a tristeza pela situação de seu País continuava.

Digo com frequência, se você sentir alguma angústia, não pense que é decorrente de algo maligno, na verdade, é Deus querendo ter um verdadeiro encontro com você, ele tem um propósito maravilhoso na sua vida!

As pessoas pensam que tudo relacionado à tristeza é maligno e não vem de Deus. Como ver Deus em uma pessoa triste? Ora, diz a Bíblia que Neemias estava em profunda tristeza, a ponto do próprio Rei perceber que ele não estava bem, mas diz também a Bíblia que o Rei viu a mão de Deus na vida de Neemias em meio a sua tristeza. Deus pode usar esse sentimento para gerar mudanças em você. Desejo de mudança, de ser melhor, de sair da zona de conforto é uma prova de que o Espírito Santo age em você. Deus nunca nos deixa inconformados para que fiquemos no mesmo lugar. Ele quer nos levar a lugares onde nunca fomos, para que possamos experimentar o que nunca vivenciamos.

Voltemos a pensar sobre a vida de Evan Roberts. Sua intensidade de oração era tão grande, que ele foi despejado da casa que alugava, por causa do gemido durante as madrugadas com Deus. Ele saia andando pelas ruas, fazendo caminhada, mas conversando com Deus. Suas lágrimas escorriam no rosto. Neste período de oração, Deus lhe deu uma visão de 100 mil almas aceitando a Jesus Cristo em pouco tempo.

Nos primeiros meses do ano de 1904, ele acordava todos os dias 1 hora da manhã. Foram vários meses, todos os dias, em que ele sentia Deus falando, às vezes por visões. A intensidade da oração só aumentava. Era uma questão de prazer.

Ele trabalhava nas minas de carvão e, mesmo num ambiente sujo, ele levava a Bíblia consigo.

Por muitas vezes, ele disse que sofria com a tentação do entretenimento, ia sempre com os amigos e seus pequenos barcos ao mar. Certa vez, decidiu não passar tempo com Deus e ir pro mar, mas o Espírito Santo o impulsionou a orar.

Então, ele chegou em seu pastor e pediu permissão para liderar um trabalho de oração com os jovens. O pastor disse que ele não poderia usar o santuário, onde estava o templo principal, mas que havia um salão na igreja em que ele poderia usar. Foi quando, no dia 31 de outubro de 1904, ele iniciou o trabalho. No primeiro dia, tinham apenas 17 jovens na igreja. Porém, quando os adultos ficaram sabendo do que estava acontecendo, começaram a frequentar também.

Os jornais passaram a publicar que algo sobrenatural estava acontecendo no trabalho de oração de Evan Roberts. Um periódico relatou assim: *"A oração não para. Alguns momentos duram até 8 horas ininterruptas. Louvores de pessoas simples. Nas ruas, nos trens, nos carros, em lugares públicos, todos estão falando sobre esse agir sobrenatural com temor. É o tema do momento."*

O agir foi tão grande que, em seis semanas, 100 mil pessoas aceitaram a Jesus. O número total chegou a 250 mil pessoas espalhadas por todo o País de Gales. Os bares ficaram vazios. Os cavalos, confusos, pois seus donos pararam de xingá-los. Os homens tiveram que aprender a comandá-los sem falar palavrão. A corte da cidade fechou, pois não havia mais crime. Piadas imorais acabaram. Os times de Futebol e de Rugby tiveram partidas canceladas, pois os jogadores não queriam mais jogar, queriam orar.

O avivamento se espalhou como fogo e influenciou outros 30 avivamentos ao redor do mundo, inclusive o da Rua Azusa. A Universidade teológica da cidade afirmava: "O que se aprende em uma semana de avivamento, é mais valioso que quatro anos de estudo". Então, eles fecharam a Universidade e mandaram os estudantes para Igreja com Evan Roberts.

Vamos voltar um pouco, voltar ao dia 31 de outubro de 1904. Qual foi a orientação ministrada por Evan Roberts? Ele disse assim: "Vamos pedir perdão por nossos pecados e rogar a presença do Espírito Santo."

Um jornal publicou assim: *"A oração não para. Alguns momentos duram até 8 horas, sem parar. Louvores de pessoas simples.*

Nas ruas, nos trens, nos carros, em lugares públicos, todos estão falando sobre esse agir sobrenatural com temor. É o tema do momento."

53. CASAMENTO

"Alegrem-se sempre no Senhor; outra vez digo: alegrem-se!"
Fp 4:4

Certa vez, uma mulher disse: "Quero me casar quatro vezes durante a vida". Primeiro, com um banqueiro. Segundo um ator de Hollywood. Terceiro um Pastor. Quarto, com alguém que seja dono de funerária. Quero o banqueiro pelo dinheiro, o astro de Hollywood para a vida ser de entretenimento, o Pastor para me preparar rumo à morte e o agente funerário para me enterrar com zelo.

A segurança dessa mulher estava em homens. Sua vida girava em torno disso. Porém, devemos entender que nossa felicidade e segurança não devem estar atreladas em pessoas. A mulher samaritana talvez tenha cometido esse mesmo erro, buscava segurança em homens e todos a decepcionara!

Algumas perguntas: Qual é o seu pensamento sobre Deus? Como você vê os propósitos de Deus? Você confia em Deus ou criou um deus em sua mente?

Paulo sonhava em viajar e pregar em Roma, mas ele estava preso em Roma. Fisicamente limitado. Você reparou se ele tinha ressentimentos? Paulo visualizava tudo como propósito divino e escreveu um livro sobre alegrar-se no Senhor (Filipenses). Paulo está preso, mas ao invés de se sentir uma vítima, ele se alegra.

Além de alegrar-se no Senhor, Paulo ainda encontra outro motivo para estar na prisão. Ele vê o guarda como uma alma necessitada do Evangelho. Ele prega para o guarda. José do

Egito também tinha essa visão. Ele disse: "Vocês me venderam, mas Deus usou tudo para o bem."

Paulo e José contam bênçãos ao invés de tristezas. Tem gente que só enxerga o problema e nunca vê Deus. Visualizar somente o problema demonstra carência, é criar expectativas de sua felicidade nos outros. Ser alegre é reconhecer que apenas Jesus Cristo pode mudar a sua maneira de pensar!

54. A JANELA

"Sei o que é passar necessidade e sei também o que é ter em abundância; aprendi o segredo de toda e qualquer circunstância, tanto de estar alimentado como de ter fome, tanto de ter em abundância como de passar necessidade." Fp 4:12

Hoje, contarei a história de dois homens dentro de um quarto de hospital. Vou nomeá-los de Enfermo um e Enfermo dois. O Enfermo um tinha problemas no pulmão e para não se engasgar no próprio fluido, sentava-se por uma hora toda tarde. Ao seu lado havia uma janela, então, uma vez ao dia ficava olhando para fora da janela. Já o Enfermo dois tinha que ficar deitado, ao seu lado não tinha nenhuma janela, ele só via a parede.

Os dois homens se tornaram amigos. Como podiam falar livremente, conversavam sobre tudo, esposas, filhos, viagens, trabalhos, cidades, países, esportes. O papo era até bom em certos momentos. Como o Enfermo um podia se sentar e olhar para fora da janela, aquele momento se tornou o melhor momento do dia para ambos, pois sentado, ele dava a descrição do que visualizava lá fora. A descrição era: "Eu vejo um parque, flores, tem uma criança brincando, tem um pai ensinando o filho a andar de bicicleta". E assim seguiam as descrições. O Enfermo dois se deliciava com a imaginação. Enquanto um falava o outro imaginava.

Certo dia, o Enfermo um começou a descrever que via uma linda marcha pelas ruas, povo animado, várias pessoas com fantasias. Neste momento, o Enfermo dois começou a pensar: "Por que ele tem oportunidade de ver tudo isso e eu não posso ver nada? Por que tanto privilégio?"

No início, o homem até sentiu-se mal por pensar assim, mas aquele pensamento cresceu e o dominou. O rancor, o ódio, e o espírito de vitimismo tomou conta.

Houve um dia, que o Enfermo um começou a engasgar devido ao seu problema no pulmão. Ele tentou apertar o botão para pedir socorro, mas não conseguia. O Enfermo dois, vendo tudo aquilo, mesmo podendo apertar o seu botão, fingiu não ver nada. Negou socorro. O homem, infelizmente, acabou morrendo engasgado.

Na manhã do dia seguinte, a enfermeira entrou, olhou, e sem alarme tirou o corpo do local. O Enfermo dois, logo adiantou: "Quero muito ficar deste lado do quarto, cansei de ficar aqui, queria mudar um pouco". A enfermeira o mudou. Assim que ela saiu, ele fez um pequeno esforço e foi até a janela para avistar o que tanto sonhava. Quando ele olha, se assusta! Não tinha nada, a não ser uma parede branca do outro lado.

A alegria não bate na porta. A alegria não vem através da janela. Se você for esperar sua vida melhorar para sorrir, você nunca vai sorrir. Sua felicidade depende dos outros?

55. OFENSA

"A vós também, que noutro tempo éreis estranhos e inimigos no entendimento pelas vossas obras más. Agora, contudo, vos reconciliou no corpo da sua carne, pela morte, para, perante Ele, vos apresentar santos, e irrepreensíveis, e inculpáveis". Cl 1:21,22

Um rapaz chamado Hayden Carlo estava quebrado financeiramente. Ele tinha duas opções: renovar os documentos do carro ou colocar comida na mesa. Acho que você já pode imaginar qual delas ele escolheu. Certo dia, Carlo avançou o sinal vermelho do semáforo, a polícia o parou, e antes do policial dizer algo, Carlo antecipou e disse: "Policial, sou culpado. Meus documentos estão vencidos. Infelizmente, tive que escolher entre colocar comida na mesa ou pagar os documentos". O policial pegou os documentos e escreveu uma multa de $100 dólares. Mas tem outro detalhe. Essa história ficou famosa porque o policial entregou junto à multa uma nota de $100 dólares. Carlo infringiu a lei, mas não conseguia pagar, entretanto, alguém pagou para ele.

Assim é nossa vida, pecamos contra a Lei de Deus, mas não tínhamos como pagar a conta. A cruz de Cristo fez duas coisas: **primeiro,** expiação; **segundo,** propiciação. Talvez essas palavras sejam difíceis para entendimento, portanto, vou explicar. Expiação: é o que o sangue de Cristo, na cruz, fez por nós. Eu sujo recebendo a purificação pelo sangue de Jesus. Propiciação: é o que o sangue de Cristo significa a Deus. Numa palavra simplificada quer dizer "Satisfação". A cruz é a justiça de Deus sendo satisfeita. Portanto, quando a justiça de Deus chega para te consumir, ela te vê puro por causa do sangue de Jesus.

Quando Ele disse "Pai está consumado", ali foi a exposição ao mundo, que alguém purificou o impuro e pôde satisfazer a justiça de Deus tornando-nos dignos de chegar diante do Santíssimo!

56 JUMENTINHO

"Esta afirmação é fiel e digna de toda aceitação: Cristo Jesus veio ao mundo para salvar os pecadores, dos quais eu sou o pior." 1 Tm 1:15

Você se lembra da história bíblica de Jesus quando entrou em Jerusalém no período da Páscoa? O povo gritava: *"Hosanas, bendito o que vem em nome do Senhor."* Há quem diga que Jesus entrou todo feliz, como um líder moderno sendo aplaudido. Outros dizem, que Jesus entrou sem nenhuma reação. Mas sabe como Jesus realmente estava? Triste! Jesus estava triste com todo louvor recebido. Deixe-me explicar o cenário:

Os Ramos das Palmeiras não têm significado na Páscoa. Não fazem parte da tradição judaica. Por que então os Judeus estavam gritando "Hosanas" com ramos de Palmeiras nas mãos? Tudo isso tem um forte significado.

Aproximadamente, por volta do ano 164 antes de Cristo, ocorreram alguns eventos que ficaram marcados na história Judaica, são as histórias dos Macabeus. Antíoco IV Epifânio tinha como objetivo acabar com a fé judaica. Certa vez, houve grande revolta por um sacerdote chamado Matatias e, consequentemente seus filhos, Judas, Simão e Jonatas Macabeus, eles foram os líderes do movimento, com Judas Macabeus sendo o mais famoso dentre eles. Os Macabeus, durante anos, lideraram o movimento que levou à independência da Judeia, e que reconsagrou o Templo de Jerusalém, que havia sido profanado pelos gregos.

Judas Macabeus colocou tanta pressão, que conseguiu a permissão para que os judeus praticassem a fé judaica, isso foi motivo de grande orgulho. Depois, Simão Macabeus continuou a guerra e expulsou os inimigos de Jerusalém. Após as conquistas dos Macabeus houve enorme celebração. Quer saber como foi a celebração? Os judeus vibravam e se alegravam, pois expulsaram os inimigos de Israel de Jerusalém. Na festa tinham músicas e Ramos de Palmeiras. O Ramo de Palmeira era símbolo de poder militar. O símbolo ficou tão forte, que 60 anos depois de Cristo, os judeus lançaram a moeda com a imagem dos Ramos de Palmeiras. Para simplificar: Os Ramos de Palmeiras queriam dizer "Ninguém reinará sobre nós. Nem gregos, romanos ou assírios."

Jesus, ao entrar com um jumentinho, ouvia "Hosanas", que significa: "Salva-nos agora!" Para quem não sabe, a terra de Israel era de domínio Romano. Quem comandava Israel era Roma. Roma dava a liberdade aos judeus para manter a tradição Judaica. Mas eles eram obrigados a pagar impostos à Roma.

Eles pensavam assim: "Como um dia os Macabeus lutaram contra os inimigos. Agora, achamos um rei que vai expulsar os Romanos de Israel."

Observem os erros cometidos: eles estavam adorando algo, mas a motivação era errada. Eles queriam ser livres dos Romanos e seus tributos, mas Jesus queria tirar o pecado deles! Eles adoravam um rei criado pela mente.

Precisamos adorar quem Ele é, não quem eu quero que Ele seja. Não quero um Rei que fabriquei na minha mente. Temos um rei, não vivemos numa democracia. Democracia são os meus direitos, ou seja, eu que voto, que elejo, que decido. Reinado é à maneira do Rei.

Jesus montado num jumentinho era como se estivesse dizendo: "Estou num jumento, vocês não estão entendendo?

É um Jumento!" Não se trata de poder militar, é poder espiritual! Devemos confiar em quem Ele é, não em quem criamos na mente.

57. SEMPRE TERÃO OS POBRES

"Porque os pobres estão sempre com vocês, mas a mim vocês nem sempre terão." Jo 12:8

Robert Charles Sproul contava a história de um amigo que exercia o ministério nas aéreas pobres de Cleveland. Atendia os drogados, os mendigos, e as pessoas mais pobres da cidade. Todo pastor que chegava para auxiliar esse missionário ficava apenas dois anos, e de uma hora pra outra desistia do chamado. Certa vez, Sproul o questionou, ele queria saber por que todos desistiam, o que acontecia ali? O missionário respondeu: "Todos vem pra cá empolgados, mas percebem o quanto é difícil. Um drogado é restaurado, mas não para por aí, chegam mais cinco. Muita pobreza e vícios sem fim. Por isso, muitos pastores se sentem desencorajados e desistem."

Sproul perguntou a ele: "Mas por que você está aqui tantos anos e não desistiu?" O missionário respondeu: "É que eu li em João 12:8 ... *os pobres estão sempre com vocês, mas a mim vocês nem sempre terão*". Sproul questionou: "O que esse texto tem de animador?" O missionário afirmou: "É que Jesus nunca disse que nós iríamos salvar, socorrer, ajudar todos os pobres. Ele disse que sempre teriam pobre conosco. São as consequências do pecado no mundo. Eu não tento salvar o mundo, só ministro para eles."

Pessoas desistem por não enxergar nada de bom. Quem nunca vê nada bom, está sempre em rota de mudança, em movimentação. Quando você entende que não é salvador, apenas ministro e que a responsabilidade de salvar não é sua, você tira o peso das costas e não desiste com facilidade.

58. JOIA PERDIDA

"E pôs um novo cântico na minha boca, um hino ao nosso Deus; muitos o verão, e temerão, e confiarão no Senhor." Sl 40:3

A tribo de Índios Chal aceitou a Jesus como salvador alguns anos atrás. Hoje, são mais de 12 mil índios servindo a Deus. Existe um grupo de missionários que tenta traduzir a Bíblia para o idioma deles, mas o desafio é grande.

Quando eles aceitaram a Cristo como salvador, afirmaram que todos, a partir daquele momento, seriam cantores. "Sabemos cantar e vamos adorar a Deus para sempre", disseram. Sei que adoração é um estilo de vida, é prática diária, mas hoje estou tratando de adoração que envolve música.

Quando me deparo com a história dessa tribo e a empolgação dos índios dizendo que são cantores, vejo a beleza do cristianismo, *"... e pôs um novo cântico na minha boca, um hino ao nosso Deus."* Quando você aceita a fé, um louvor invade a sua alma! Quando entrarmos no céu, não vamos ter pregação, não vamos precisar de evangelismo nem de campanha, mas todos vamos louvar a Deus!

Estava pensando sobre os serafins que, segundo Isaias 6, dizem: *"Santo, Santo, Santo é o Senhor dos Exércitos, toda a terra esta cheia da sua glória"*. Como podem ficar repetindo a mesma coisa? Só há uma explicação na minha mente. Eles recebem algo de quem está assentando no trono! Um gozo inefável e inexplicável transbordo-os, ao ponto de que a única coisa que querem fazer é ficar diante do trono dizendo santo!

Adoração é isso! É receber gozo na alma! Na adoração a Deus através dos louvores, seja cantando, ouvindo, sussurrando, levantando as mãos ou chorando, você encontra paz, amor, bondade, gozo, força, alegria, fervor e graça.

A.W. Tozer disse: "Adoração é a joia perdida da Igreja" Precisamos adorar com toda alma e, certamente, receberemos algo do Céu em nossas vidas!

59. LIBERTE O TUBARÃO

"Cresçam, porém, na graça e no conhecimento de nosso Senhor e Salvador Jesus Cristo. A Ele seja a glória, agora e para sempre! Amém". 2 Pe 3:18

Você sabia que o tubarão cresce de acordo com o ambiente? Se está no oceano atinge o tamanho máximo, mas se está numa piscina ou aquário, o próprio sistema se adequa ao espaço e sabe que não pode crescer muito.

Na vida espiritual pode acontecer a mesma coisa. É fácil parar no tempo e parar de crescer. Mas Jesus nos manda crescer na graça e no conhecimento. Não somos um poste de madeira ou cabo de vassoura, que não cresce e não tem vida. Nosso processo deve ser semelhante ao da semente, ela germina e cresce. Se tem algum fôlego de vida em você, é sinal que dá para crescer. Existem aqueles que dizem: "Eu nasci assim e vou morrer assim."

A vida espiritual é feita de degraus, você precisa subir, porém, alguns insistem em dizer que estão bem e que não precisam crescer. Existem coisas que Deus só revela a quem está disposto a ir um pouco além. Todos podemos crescer, independente da circunstância. Até mesmo a árvore que é cortada e parece que chegou ao fim, que não há mais esperança para ela, de repente começa a crescer de novo. Em Jó 14:7, diz: *"Porque há esperança para a arvore, que, se for cortada, ainda se renovará, e não cessarão seus frutos."* Há esperança pra você. Por isso, digo: cresça!

Cresça em fé. Crescer em fé é deixar de ser faísca e começar a ser fogo. Cresça em humildade. Cresça em amor e contentamento. Cresça para baixo (fundamento). Cresça para cima (conhecimento). Cresça os galhos para os lados (sombra). Cresça como uma criança, devagar, mas sempre. Em poucas semanas, é notória a diferença de um bebê.

Mas preste atenção, não dá para crescer desproporcionalmente, é preciso crescer no conhecimento bíblico. Existe um oceano, por isso, digo que o seu crescimento não tem limites e tampouco barreiras. Cresça como um tubarão no oceano!

60. PODERIA SER EU!

"Se declaramos que não temos pecado algum enganamos a nós mesmos, e a verdade não está em nós." 1 Jo 1:8

Dentre os homens julgados pelo horrendo regime do Nazismo estava um homem chamado Adolf Eichmann, um dos piores Nazistas da Segunda Guerra Mundial. Após a guerra, ele fugiu para Argentina e uma equipe de agentes da Mossad o capturou e levou-o para Israel, a fim de julgado por 15 acusações criminais, incluindo crimes de guerra, crimes contra a humanidade e crimes contra o povo judeu. Durante o julgamento, ele não negou o Holocausto ou o seu papel na organização, mas disse que simplesmente seguiu ordens. Ele foi considerado culpado de todas as acusações e executado por enforcamento em 1º de junho de 1962.

Durante o julgamento, um homem chamado DeNor estava lá e, enquanto observava Eichmann e todas as informações sobre o massacre aos judeus, DeNor começou a chorar. Chorava compulsivamente. Mais tarde, alguém lhe questionou: "Por que você estava chorando tanto?" Ele respondeu: "Porque notei que poderia ter feito a mesma coisa que Eichmann fez. Eichmann está em todos nós. Existe mal em todos nós". Alguém o perguntou: "Por que pessoas boas fazem coisas ruins?" Ele replicou: "Por que pessoas más fazem coisas boas?"

Na mente de DeNor, se ele estivesse inserido no mesmo estilo de vida, sob as mesmas pressões e entendendo o Nazismo, ele poderia ter cedido e cometido as mesmas coisas. Não quero dizer que você poderia ser um Nazista, longe disso. Mas, devemos lembrar das palavras de João: *"Se declaramos que não temos pecado algum enganamos a nós mesmos, e a verdade não está em nós."* 1 João 1:8

Devemos reconhecer que não somos bons como pensamos. Existe algo obscuro em todo ser humano e um simples circunvagar pode revelar o que está oculto na alma. Todos nós somos carentes da misericórdia de Deus!

O famoso teólogo Agostinho disse: "Meu pecado era incurável porque eu não me considerava um pecador".

61. JÁ CHOROU?

"Jesus chorou." Jo 11:35

Certa vez, uma missionária foi à Tunísia, a missão era pregar o evangelho usando suas aulas de inglês como um meio de aproximação. Mas os resultados não apareciam, pelo contrário, muito sofrimento e pouco sucesso aos olhos dos homens. Dentre seus alunos, havia um que ela investiu por muito tempo. Em todas as oportunidades, ela falava de Jesus ao rapaz. Certo dia, aquele aluno chegou na missionária dizendo que seria sua última aula, pois iria mudar-se para outro Estado. Na despedida, a missionária falou sobre Jesus uma última vez, mas o rapaz não deu ouvidos. Quando ele estava caminhando, olha para trás e vê a missionária chorando, triste por não ter conseguido atingir seu coração. Aquilo intrigou o rapaz, pois ninguém nunca havia chorado por ele, ainda mais uma estrangeira. Aquelas lágrimas o comoveram de tal maneira, que ele quis saber quem era esse Jesus que tinha embutido tanto amor no coração daquela mulher ao ponto de fazê-la chorar por um estrangeiro!

Só entende isso quem está totalmente rendido ao evangelho e conhece o lado espiritual e a seriedade que há nele. Há poder em suas lágrimas! Devemos chorar por causa dos nossos próprios pecados. Devemos chorar com a situação do mundo ao nosso redor. Devemos chorar pelos perdidos.

O próprio Jesus Cristo chorou. Em João 11:35 diz: *"Jesus chorou."* É como se Ele estivesse dizendo: "Eu me importo!"

Chorar é também alcançar o coração de Deus. Deus viu Ismael chorando no deserto. Deus viu Neemias por meses em angústia. Deus viu Ana balbuciando palavras em gemido! Por isso, repito: há poder em suas lágrimas diante de Deus. Em Salmos 6:8, diz: *"...porque o Senhor já ouviu a voz do meu pranto."* Em Salmos 9:12: *"Ele não ignora o clamor dos oprimidos."*

62. MEU CORPO NÃO AGUENTA MAIS!

"Não me rejeites na minha velhice; não me abandones quando se vão as minhas forças."
Sl 71:9

Existem homens tentando prolongar a vida, mas mesmo com toda a ciência, ninguém consegue. Recentemente, ouvi de um milionário que ele estava tentando voltar a ter o mesmo corpo dos 18 anos de idade, ele faz as dietas e os exercícios mais esquisitos do mundo para alcançar seu objetivo, mas é fato que ele nunca vai conseguir. Mesmo com toda fortuna gasta, as pesquisam são quase sempre as mesmas sobre mortes: três pessoas morrem por segundo; 180 por minutos; 11 mil por hora; 250 mil por dia.

Certo dia, John Quincy Adams, o sexto presidente americano, estava andando pelas ruas de Boston. Todos sabiam que naquele dia ele estava celebrando 80 anos de idade. Um senhor perguntou ao presidente Adams: "Como você está?" Observe a resposta do presidente. Uma verdadeira aula. Ele disse:

"Obrigado, estou bem. Mas a casa em que habito está desabando, (se referindo ao seu corpo) a casa está se arruinando. Os anos e as estações estão destruindo a casa. O telhado está cedendo. As paredes tremem com qualquer barulho. O velho homem que habita dentro dessa casa já está percebendo que ela está se tornando um lugar inabitável. Logo, logo, vou ter que mudar dela. Mas apesar disso, eu estou bem".

Minha esposa trabalha num hospital da cidade. Aprendemos que o corpo humano tem um certo limite, tanto que, uma grande maioria dos idosos acamados no hospital, pedem a morte. Certa feita, ela encontrou uma senhora gritando: "Deus, por que o Senhor não me leva? O Senhor está demorando muito pra tirar a minha vida. Não aguento mais esse corpo." Embora ninguém deseje a morte, o corpo tem data de validade.

Portanto, não se esqueça das palavras de Salomão, que disse: *"Ele fez tudo apropriado ao seu tempo. Também pôs no coração do homem o anseio pela eternidade; mesmo assim ele não consegue compreender inteiramente o que Deus fez."* Eclesiastes 3:11.

63. NÃO ESQUEÇA QUEM VOCÊ É!

"Porque a loucura de Deus é mais sábia que a sabedoria humana, e a fraqueza de Deus é mais forte que a força do homem." 1 Co 1:25

Um pastor por nome Matthew estava vivendo o auge do seu ministério, ele tinha apenas 35 anos de idade. Sua igreja cresceu de 160 a 6 mil pessoas em pouco tempo. No dia do *Thanksgiving* (Ação de Graças americano), ele passou mal na frente da lareira de sua casa e foi levado ao hospital. Após vários exames, descobriram um tumor na parte da frente do seu cérebro. Um neurologista cristão chegou nele e disse: "Pastor, nada mudou pra você. Esse problema apenas te avisa que você também é mortal. Todos nós somos, mas os homens querem viver como se não fossem. O presente de Deus para você é que agora você tem noção com claridade o quão mortal você é."

O que você faria se soubesse que iria morrer em breve? O tolo diria: "Vou pular de paraquedas, me divertir nas baladas. Pular de uma montanha. Fazer aventuras loucas, afinal, vou morrer mesmo. Outros diriam: "Iria me matar de comer sorvete, chocolate, doces". E ainda aquele que diria: "Quero ir ver a pirâmides do Egito, a muralha da China."

Essas coisas não procedem, pois, ciente de sua morte, nada mais fará sentido para você. Por certo, você passaria menos tempo na internet. Menos tempo nas redes sociais. Pouco importará pra você se o Corinthians ganhou ou Cruzeiro perdeu. As fofocas e intrigas se tornam tolices. O fato é que você vai querer olhar para os seus filhos e dizer inúmeras vezes que os ama. Vai querer colocar a coberta neles à noite e até beijar mais a sua esposa. Vai querer cozinhar com ela mais uma vez, sentar-se na mesa e deliciar um bom último papo! Quero deixar uma pergunta para sua reflexão: por que focamos em tantas coisas tolas, que não farão sentindo na hora de partir para eternidade?

64. EU SOU O PROBLEMA

"Hipócrita, tira primeiro a trave do teu olho e, então, cuidarás em tirar o argueiro do olho do teu irmão."
Mt 7:5

Deixa eu contar uma história engraçada. Preocupado, um marido vai ao médico e diz: "Acho que minha esposa é surda. Ela nunca me ouve na primeira vez quando eu digo alguma coisa. Eu sempre tenho que repetir várias vezes."

O médico disse: "Vá para casa e hoje à noite fique uns cinco metros de distância dela e diga alguma coisa. Se ela não responder, aproxime-se um metro e diga mais uma vez. Continue falando com ela até responder. Assim saberemos quão surda ela é." O marido vai para casa e faz exatamente o que o médico instruiu. A esposa está na cozinha cortando legumes. Ele fica a cerca de cinco metros dela e diz: "Querida, o que vamos jantar hoje?" Sem resposta. Então ele se aproxima um pouco mais: "Querida, o que tem pro jantar?" Sem resposta. Ele se aproxima mais um pouco. Sem resposta.

Ele fica de saco cheio e vai bem atrás dela, cerca de um centímetro de distância, e pergunta pela última vez: "Amor, o que tem pra jantar?" E ela responde, pela quarta vez: "Frango!". Adivinhe quem estava com o problema? Adivinhe quem era o surdo? Sempre transferimos o problema para a outra pessoa.

Foi exatamente o que Jesus disse em Mateus, capítulo 7: *"Não julguem, para que vocês não sejam julgados. Pois da mesma forma que julgarem, vocês serão julgados; e a medida que usarem, também será usada para medir vocês. Por que você repara no cisco que está no olho do seu irmão, e não se dá conta da viga que está em seu próprio olho? Como você pode dizer ao seu irmão: 'Deixe-me tirar o cisco do seu olho', quando há uma viga no seu?"* Mateus 7:1-4.

Jesus era carpinteiro, por isso, essa ilustração faz total sentido. Em outras palavras, o Mestre disse: Como você pode ver um cisco no olho, detalhe na vida dos outros, mas não percebe que tem uma trave gigante no seu olho? Basicamente, o que Jesus estava dizendo era que o pequeno lixo que vemos nos outros e apontamos, na verdade, revela um monte de lixo que está em nós.

Jesus chama isso de hipocrisia. O hipócrita é manso consigo mesmo, mas é duro com os outros. Um verdadeiro homem de Deus é duro consigo mesmo e manso com os outros. Mas vamos ser sinceros, é muito mais difícil julgar a si mesmo do que julgar aos outros.

O desafio de Jesus é te ensinar a manter os olhos em você mesmo. Charles Spurgeon disse: "Não fique triste quando falarem mal de você, você sabe que você é bem pior do que eles pensam." Em outra ocasião ele disse: "O pior homem que eu já vi é aquele que vejo quando olho no espelho!" Spurgeon também afirmou: "Ninguém é mais injusto ao julgar o próximo, do que aqueles que têm uma opinião elevada de si mesmos."

Tomás De Kampis disse: "Se você é tolerado, então aprenda a tolerar os outros. Escute: a nossa falha não está na capacidade de nos vermos, mas sim na má vontade de olhar para nós mesmos."

F. B. Meyer disse: "Quando vemos um irmão ou uma irmã pecar, três coisas deveríamos pensar antes de julgar. Primeiro: não sabemos o quanto ele lutou para não pecar. Segundo: não sabemos o poder das forças que o perseguiram para fazê-lo pecar. E terceiro: não sabemos o que teríamos feito na mesma circunstância." Não sei você, mas essas palavras me ajudam a ficar longe dos ciscos dos outros, me ajudam a observar meu próprio olho!

65. DOMESTICADO

"E aquele que sonda os corações conhece a intenção do Espírito, porque o Espírito intercede pelos santos de acordo com a vontade de Deus." Rm 8:27

Estava trabalhando no quintal de casa, quando deixei uma cola no pátio do fundo. Algumas horas depois um pardal ficou preso na cola. Meu filho Kayleb vendo o cenário, começou a tentar libertar o pequeno pardal da terrível cola. Perguntei ao Kayleb quais eram suas intenções, ele disse: "Vou salvar esse passarinho e fazer ele virar meu amigo". Mas no primeiro vacilo, o passarinho sumiu. Meu filho queria domesticar o pequeno pardal, uma missão quase impossível!

Você sabia que um dos nossos problemas é querer domesticar o Espírito Santo. Tem gente que vive como que dizendo: "Vou fazer o Espírito Santo se enquadrar à minha maneira de viver." Imagine se fosse assim, cada um enquadrando o Espírito de acordo com as suas vontades. "Perdoo se quiser, vejo cenas indecentes se quiser, minto se quiser. O Espírito se vira para se encaixar ao meu estilo de vida". Preste atenção, o Espírito Santo não vai se encaixar ao seu estilo de vida, é você que se amolda ao padrão dEle.

Quer viver fazendo a sua vontade? Faça! Mas o efeito será uma vida sem o Espírito. A verdade é que o Espírito Santo não vai abrir mão dos princípios eternos só para te agradar. Agostinho disse: "Se você só aceita uma parte do evangelho, não é no evangelho que você crê, mas em você mesmo."

Precisamos do Espírito Santo nos incomodando até receber a transformação necessária!

66. PROTEÇÃO DIVINA

"Da mesma maneira, também o Espírito nos ajuda em nossa fraqueza. Porque não sabemos orar como convém, mas o próprio Espírito intercede por nós com gemidos inexprimíveis." Rm 8:26

O pastor Tim Dilena, líder da Times Square Church, em Nova York, em seus sermões, contou a história de um rapaz recém-convertido que tocava na igreja. Devido alguns problemas, ele precisou disciplinar esse novo músico. O rapaz se sentiu envergonhado e se revoltou. Foi para casa, pegou todas as suas armas, colocou sua roupa do exército e disse: "Sei onde pastor mora, vou matar ele e toda a sua família. Quando ele entrou no carro, o Espírito de Deus o disse: "Se você der ré neste carro, eu acabo com sua vida." Foi quando o cidadão desistiu de tal atrocidade. Depois de alguns meses ele voltou ao pastor e disse: "Pastor, eu ia te matar, mas o Espírito me impediu quando eu tentava sair da minha garagem!"

Eu não sei se você sabe, mas o Espírito está em movimento pra te ajudar. O Espírito está em movimento pra te socorrer. Existem situações que você não enfrentou porque o Espírito estava em ação. Acidentes que eram para acontecer, pessoas que desejam seu mal, mas o Espírito entrou em movimento a teu favor. Paulo nos ensinou que somos tão fracos que nem orar direito sabemos, mas o Espírito está em movimento gemendo com gemidos inexprimíveis por você.

"Sabemos que todas as coisas cooperam para o bem daqueles que amam a Deus, daqueles que são chamados segundo o seu propósito." Romanos 8:28

67. ELE VAI EMBORA!

"Não entristeçam o Espírito Santo de Deus, com o qual vocês foram selados para o dia da redenção." Ef 4:30

Alguns anos atrás, um casal missionário da Inglaterra foi enviado para trabalhar em Israel. Seus nomes eram Bernice e Sandy. Quando entraram no apartamento, nova residência, eles viram que uma pomba branca se assentou na janela. Até brincaram dizendo que aquilo era sinal de que o Espírito Santo estava com eles. Todavia, quando eles batiam a porta, gritavam, faziam barulhos alto com as panelas, a pomba se retirava, e as vezes, demorava dias para retornar. Foi quando eles chegaram à conclusão de que a pomba era sensível, e que deveriam parar de brigar, bater porta, senão corriam o risco da pomba ir embora de vez e nunca mais voltar. Em outras palavras, corriam o risco de perder a presença de Deus em suas vidas.

Precisamos ser sensíveis à voz do Espírito Santo. Sensibilidade é alguém que "capta, sente, tende a responder, está ouvindo, pega a mensagem vinda de Deus". Sensibilidade é quando você escuta o coração de Deus. Sensibilidade é estar a um passo do avivamento pessoal. Às vezes, a falta de sensibilidade é deixar a dureza do coração criar uma versão de Deus na própria mente.

Meu grande medo é não estar sensível à voz do Espírito Santo. É Deus falar e o meu coração estar azedo demais para ouvir. Corremos o perigo de ser como Sansão, sob o poder do Espírito, ele pegou uma queixada de jumento e matou mil. Mas quando a mulher corta o seu cabelo, ele perde a sua força, ele se levanta para lutar, porém o texto diz: "...*mas Sansão não sabia que o Espírito Santo havia se retirado*". Sansão não sentiu o Espírito Santo sair, ele só percebeu quando já era tarde demais. Talvez esse seja um dos textos mais tristes de toda a Bíblia, quando Sansão percebeu que a força tinha ido embora. Que a unção tinha ido embora.

Ah! Que tristeza em saber que aquilo que Deus te deu, você jogou fora.

Ah! Que tristeza em perceber que o Espírito Santo se retirou.

Ah! Que tristeza viver uma vida sem ouvir Deus.

68. HORA DE MUDAR!

"Nos selou como sua propriedade e pôs o seu Espírito em nossos corações como garantia do que está por vir."
2 Co 1:22

O Pastor Antonio Munhoz, pastor durante 30 anos da cidade em que nasci, Americana (SP), nos contou uma bela experiência com o Espírito Santo. Ele disse: "Estava pastoreando uma cidade, mas Deus se revelou a mim de madrugada e disse 'Prepara a mudança, você vai sair dessa cidade'." Ele acordou de manhã e disse à esposa: "Vamos colocar todas as nossas coisas na caixa, Deus me revelou de madrugada que vamos mudar imediatamente". A esposa perguntou: "Vamos para onde?" Ele respondeu: "Eu não sei, mas sei que vamos mudar."

Poucas horas depois, seu pastor presidente de São Paulo, Pastor José Wellington Bezerra da Costa ligou para ele e disse: "Pastor Munhoz, preciso do senhor em uma outra cidade", ele respondeu: "Minhas coisas já estão prontas nas caixas". O pastor perguntou: "Mas como você sabia?", ele respondeu: "O Senhor revelou pra mim de madrugada em visão."

Sensibilidade é quando Paulo planejava pregar na Ásia, mas o Espírito Santo queria ele na Europa. De madrugada o Espírito fala com ele e lhe manda atravessar a Macedônia. Paulo queria a Ásia, o Espírito queria a Europa, pois sabia que da Europa o evangelho iria se espalhar ao mundo inteiro. Cancele seus planos e diga: "Espírito Santo, o que o Senhor quer de mim?" Cancele sua programação e diga: "Espírito Santo, qual é o teu plano?"

Certa vez, Paulo estava sentindo a cruel perseguição em Corinto e se revoltou. Sacudiu a roupa e lhes disse: "*Caia sobre a cabeça de vocês o vosso próprio sangue! Estou livre da minha responsabilidade. De agora em diante irei para os gentios*".
Atos 18:6-11

Mas pouco depois, Paulo teve uma visão, Deus lhe disse: "*Não tenha medo, continue falando e não fique calado... pois estou com você, e ninguém vai lhe fazer mal ou feri-lo, porque tenho muita gente nesta cidade*". Assim, Paulo ficou ali durante um ano e meio, ensinando-lhes a palavra de Deus.

Paulo estava bravo e queria sumir dali, Deus queria que ele ficasse e uma grande e importante igreja foi estabelecida. Não avance sem a direção do Espírito Santo!

69. NÃO QUERO MAIS!

"Pedro respondeu: Arrependam-se, e cada um de vocês seja batizado em nome de Jesus Cristo para perdão dos seus pecados, e receberão o dom do Espírito Santo."
At 2:38

David Wilkerson vivia o melhor momento financeiro do seu ministério até então. Depois de alguns anos como pregador itinerante e várias dificuldades financeiras, ele assumiu uma igreja e Deus estava trabalhando a seu favor. Nova igreja construída, casa pastoral, número de membros triplicou. Mas a alma de David Wilkerson dizia que Deus queria algo a mais dele. Sua alma estava tão aflita, que ele disse: "Senhor, se isso que estou vivendo é Pentecoste, quero te dizer que não quero mais."

David Wilkerson sentiu que as horas em frente a televisão estavam arruinando sua vida espiritual. Ele vendeu a TV e começou a passar duas horas toda noite trancado orando. Num desses períodos de oração, ele olhou em sua estante e viu uma notícia na revista Time. Leu que um grupo de jovens tinha matado cruelmente Michael Farmer, um menino branco que andava mancado por causa de Pólio. Quando Wilkerson viu a imagem dos jovens que cometeram a atrocidade, ele sentiu o Espírito Santo dizer a ele: "Vá lá e pregue para esses jovens". Wilkerson saiu de sua zona de conforto na zona rural de Pensilvânia e foi até as ruas de Nova York. Ele ficou extremamente impactado com tudo, que decidiu abrir uma clínica para dependentes químicos chamada Desafio Jovem. Logo após, fundou uma escola teológica, a Summit International School of Ministry; também estabeleceu uma organização sem fins lucrativos chamada World Challenge e fundou a Times Square Church, uma linda igreja no coração de Nova York. Sua história é documentada em livros, filmes e vídeos no YouTube. Mas tudo isso aconteceu porque um dia ele ouviu a voz do Espírito dizer: "Eu tenho mais, desligue a TV!"

70. A BÍBLIA DIZ!

"Entregue o seu caminho ao Senhor, confie nEle, e o mais Ele fará." Salmos 37:5

Creio que todos já ouviram falar de Billy Graham, talvez, desde os dias de Jesus Cristo, ninguém alcançou, em suas pregações, mais pessoas que Billy Graham. Ele foi o pregador que mais reuniu multidão. Sua primeira cruzada foi em 1949, em Los Angeles. Em 1957, Nova York, ele realizou cultos por 16 semanas e reuniu 2.3 milhões de pessoas no Madison Square Garden. Em Londres, ele reuniu 2 milhões de pessoas. Na Coreia, 3.2 milhões. A frase mais famosa de Billy era: "A Bíblia diz". Em tudo que ele falava, embutia essa expressão. Sua missão era provar dentro da bíblia.

Sua primeira cruzada, em 1949, foi uma das mais importantes, não porque foi a primeira, mas pelo que aconteceu antes dela. Billy Graham estava numa enorme crise, sua fé estava em jogo. Devido a influência de pessoas próximas a ele, as dúvidas tinham batido no peito. Em sua biografia, ele conta que a dúvida era tão grande, que ele pensava em voltar para a fazenda de sua família. Ele disse: "Não posso mais pregar se duvido da veracidade da Bíblia."

Certo dia, de madrugada, andando pelo mato, ele parou, colocou a Bíblia no chão, ajoelhou e começou a orar assim: "Deus, vou aceitar essa palavra pela fé. Vou deixá-la me levar adiante, acima da minha capacidade intelectual, acima das minhas perguntas e dúvidas, vou confiar que ela é a sua palavra e é inspirada." O jovem Billy Graham decidiu confiar, mesmo sem entender completamente. Ele decidiu avançar, mesmo com vários amigos da universidade dizendo o contrário!

Em meio a mundo confuso e perdido em todos os sentidos, em que as pessoas não sabem mais em quem confiar, devemos fazer igual a Billy, confiar na palavra. Nos momentos difíceis, temos a tendência de pensar que o mal está vencendo, não é? Ao ler jornais, você poderá observar como a política bate de frente com as verdades bíblicas; terroristas sequestrando pessoas inocentes; famílias destruídas, confusões e conflitos em todas as áreas.

As investidas do inimigo em nossa mente querem nos destruir e, com isso, as perguntas nos perturbam. Mesmo que este mundo seja grande, parece que o mal reina sobre o bem. A verdade é que parece que ele vence em todos os setores da nossa sociedade, como nas escolas, empresas, esportes etc. A impressão é que os enganadores e soberbos saem por cima. Se os nossos olhos estiverem fechados para as coisas eternas, ficaremos atormentados e confusos.

Quando o ímpio floresce, Davi dá quatro conselhos:

Confie no SENHOR. Sl 37:1-6
Espere no SENHOR. Sl 37:7-22
Ande com o SENHOR. Sl 37:23-34
Se esconda no SENHOR. Sl 37:35-40

Se estamos vivendo o tempo do fim, como acredito, então o ímpio aumentará a sua prosperidade e maldade. Temporariamente, vai parecer que a mentira vencerá a verdade, o ódio, vencerá o amor, o errado, vencerá o certo. Na caminhada com Deus não tente entender o "porque" de algumas coisas, mas confie que é seguro andar com Ele.

71. OBTURAÇÃO

"Rogo-vos, pois, irmãos, pela compaixão de Deus, que apresenteis o vosso corpo em sacrifício vivo, santo e agradável a Deus, que é o vosso culto racional." Rm 12:1

O Dr. Ward C. Miller da Filadélfia foi o primeiro dentista a revolucionar a obturação nos dentes. Ele fez as obturações nos dentes parecerem bonitas, naquele período, só ele conseguia fazer. Certa vez, uma moça foi ao dentista do outro lado do país, quando ela abriu a boca, o dentista disse: "Eu sei quem fez esse tratamento nos seus dentes, foi o dentista Miller da Filadélfia, não foi?" A moça prontamente respondeu que sim, mas ela queria saber como ele conseguiu desvendar apenas olhando para os dentes. O dentista respondeu: "Eu sabia, só ele consegue fazer isso. É um selo do seu trabalho. Você está selada com a marca do Dr. Ward C. Miller."

A vida do cristão é a mesma coisa, fomos selados pelo Espírito Santo. Carregamos conosco os frutos do Espírito, que nos diferencia nesse mundo maligno e tóxico! Paulo disse: *"Rogo-vos, pois, irmãos, pela compaixão de Deus, que apresenteis o vosso corpo em sacrifício vivo, santo e agradável a Deus, que é o vosso culto racional."*

Rogo-vos — Paulo não usa termos suaves. Por exemplo: "Irmãos, seria muito legal, seria muito bom se vocês apresentassem o vosso corpo em sacrifício vivo." Não! Paulo disse: *Rogo-vos*. Há intensidade nas palavras de Paulo. Para romper com os padrões desse mundo é necessário intensidade. Para voar mais alto, *é* necessário intensidade. Para ser íntimo de Deus, *é* necessário intensidade. Para romper de vez com você mesmo, é necessário intensidade. Para ter coragem nesse mundo que puxa você para ser igual a ele, *é* necessário intensidade. Essa geração perdeu a intensidade, nos tornamos passivos demais. Não há intensidade nas palavras, na vida, na adoração. Até nosso choro é passivo, nossa adoração é passiva, nossa vida é a mesma coisa. Fomos selados pelo Espírito para fazer a diferença, e rogo-vos que sejam a diferença nesta geração!

72. FAZENDO A DIFERENÇA NO ELEVADOR!

"E não vos conformeis com este mundo, mas transformai-vos pela renovação do vosso entendimento, para que experimenteis qual seja a boa, agradável e perfeita vontade de Deus." Rm 12:2

Lembro-me da minha professora na quinta serie contando uma história sobre o poder das atitudes. Ela contou que, certa vez, três pessoas entraram num elevador e ficaram paradas olhando para o lado contrário da porta que se abriria. Uma mulher entrou, mas não querendo ser a única pessoa a olhar para o lado "correto", se posicionou ao lado das outras três pessoas que olhavam para o lado errado. Uma segunda pessoa entrou no elevador e repetiu o mesmo gesto, mesmo sabendo que todos estavam olhando para o lado errado, ninguém queria ser o "diferentão" olhando para o lado certo!

Por que fazemos isso? Porque não queremos parecer o esquisito. Queremos nos misturar, ser igual. Por que as gírias pegam? O problema de se misturar com a multidão ou à cultura inserida, é que você perde algumas coisas, uma delas é a autenticidade e a outra é a coragem. Se Josué e Calebe fossem com a maioria, eles diriam como a maioria disse: "Têm gigantes." Ser diferente está associado a fazer o que é diferente e a ter coragem.

Paulo disse: *"E não vos conformeis com este mundo, mas transformai-vos pela renovação do vosso entendimento, para que experimenteis qual seja a boa, agradável e perfeita vontade de Deus."* O que significa o *"conformeis"* que Paulo fala: uma expressão do exterior que vem do interior. Quando me conformo, estou mascarando meu interior. Me cubro de algo que não sou. Coloco uma capa que não reflete meu interior. Se o seu interior tem gratidão, o exterior reflete essa gratidão; se o seu interior tem amor, o exterior reflete esse amor; se o seu interior tem adoração, o exterior reflete essa adoração. Quando você se conforma com este mundo, você deixa de ser quem Deus estabeleceu em seu interior. J.B. Jennings dizia: "O mundo te espremeu dentro de um molde", ou seja, tirou a sua originalidade. O pecado te conformou em ser quem Deus não criou você para ser. O mundo te fez perder a paixão de ser quem Deus te criou para ser. Agora, quando Cristo reflete em sua vida exterior, Ele muda atitudes, falas, modos, te faz ser autêntico, original e verdadeiro. O conformismo está sempre te convidando a ser igual a todos.

O interior é a raiz. E viver da sua raiz em Deus é ser radical. Na realidade, na língua portuguesa a palavra "radical" se originou a partir do latim *radicalis*, que significa "relativo à raiz". Porém, *radicalis* é uma derivação de *radix*, que quer dizer "raiz". O significado do termo latim tinha um sentido filosófico, que era atribuído ao fato de alguém ou algo "ter raízes", ou seja, "ter origens". Este termo passou a significar "a essencial de algo" ou "ir de encontro à origem de algo". Deus quer que você seja radical, ou seja, — Ser a origem da imagem de Deus. A sua raiz vem de Deus, Ele fez o molde, o pecado deformou, mas Jesus transformou!

73. 11 DE SETEMBRO

"Disse Jesus aos judeus que haviam crido nEle: 'Se vocês permanecerem firmes na minha palavra, verdadeiramente serão meus discípulos. E conhecerão a verdade, e a verdade os libertará'."
Jo 8:31

O mundo foi pego de surpresa no dia 11 de setembro de 2001. Como várias pessoas, me lembro exatamente onde estava quando os aviões se chocaram contra os prédios gêmeos em Nova York, e pentágono, em Washington D.C. Eu estava na quinta série, estudava numa escola chamada Columbus, na cidade de Bridgeport, CT, USA. Me lembro quando o diretor da escola foi em minha sala de aula e cochichou algo nos ouvidos da minha professora. Poucos minutos depois, os pais dos alunos começaram a aparecer os retirando da escola. Lembro do meu pai me buscando. A minha então futura esposa, que na época estudava na mesma escola, foi a última a ir embora, pois não tinha quem a buscasse. Enfim, o cenário era de preocupação e perguntas como: "Vão atacar as escolas, hospitais, prédios?" Ninguém sabia ao certo o que estava acontecendo.

Quando acontece uma tragédia dessa magnitude, o ser humano quer respostas divinas. Por isso, nas semanas seguintes, as Igrejas nos EUA estavam abarrotadas de pessoas, pois a nação estava com medo do que poderia acontecer, e queriam respostas. Conforme os meses passaram, as Igrejas ficaram vazias novamente, na verdade, até mais vazias que antes do ocorrido. A pergunta que fica é: Por quê? A resposta é simples, não eram discípulos de Jesus, mas pessoas com medo a procura de entender os sinais dos tempos. A palavra discípulo significa: aluno, aprendiz, estudante. Discípulo é aquele que está aos pés do Senhor para aprender. Toda pessoa que se aproxima da Igreja com medo do inferno ou por causa de alguma catástrofe, dificilmente permanece. Agora, quem deseja ser discípulo, esse sim permanece!

Disse Jesus aos judeus que haviam crido nEle: *"Se vocês permanecerem firmes na minha palavra, verdadeiramente serão meus discípulos."* É como se dissesse: A empolgação não te faz discípulo. Dizer que crê também não te faz discípulo. O que determina um discípulo são as provas que a vida apresenta e sua perseverança em meio a elas. Alguns aceitam o evangelho, mas na hora da guerra, se afastam. Os prédios gêmeos caíram, muitos procuraram a Deus pela confusão, mas depois esqueceram.

Ser discípulo é agir como Pedro, que mesmo discordando das palavras de Jesus, resolveu ficar. Jesus chega em Pedro e diz: *"Se você está discordando do que estou falando, ensinando e quiser ir embora. Pode ir embora"*. Pedro se coloca na posição de discípulo, e diz: *"Para onde eu irei sendo que só tu tens palavras de vida eterna"*. Discípulo não é aquele que vai à Jesus de vez enquanto, é aquele que está aos pés de Jesus para aprender, não importa a lição, não importa a dificuldade da matéria, o discípulo permanece na escola de Jesus.

74. VOCÊ MORRERÁ DE SEDE!

"No último e mais importante dia da festa, Jesus levantou-se e disse em alta voz: 'Se alguém tem sede, venha a mim e beba'." João 7:37

Entre todas as sensações de necessidades que existem, a sede é uma das piores. Sede é uma necessidade dolorosa. No sentido espiritual sede é o reconhecimento que algo de muito valor é necessário.

C.S. Lewis era um escritor e comentarista fenomenal. Ele trabalhou em rádio, mas em muitos trabalhos, ele escrevia numa linguagem figurada e poética. Ele contava uma história sobre o leão e uma menina chamada Jill.

A menina Jill estava exausta e achava que iria morrer de cansaço e sede. Então, ela escutou o barulho de águas e percebeu que lá havia um riacho. Ela pensou: "Agora é hora de matar minha sede", mas observou que tinha um leão na entrada do riacho.

O leão pergunta: "Você está com sede?"
Ela responde: "Estou morrendo de sede."
O leão então diz: "Venha, pode beber."
A menina Jill com medo do leão, pergunta: "Leão, você poderia sair daí para que eu beba."
Mas o leão fez sinal que não iria sair dali.
Jill então pergunta: "Se eu for aí beber, você promete que não vai fazer nada comigo?"
Mas antes do leão responder, Jill emenda: "Não tenho coragem de ir beber."

Então o leão disse: "Então morra de sede!"

Jill responde: "Leão, pode ficar aí, vou procurar água em outro lugar."

O leão disse: "Não existe água em outro lugar."

Resumo da lição: venha beber água, mas não do seu jeito. Jesus disse:*"Se alguém tem sede, venha a mim e beba."* Neste texto sagrado, Jesus estava confrontando o sistema religioso da época, que não preenchia o vazio da alma.

Hoje, Ele continua nos ensinando a mesma coisa. Jesus não é um leão domável, onde você manda nele. As vezes somos como Jill, queremos da fonte, mas não queremos nos comprometer e confiar. Queremos da fonte, mas não queremos confiar no Leão da tribo de Judá. Queremos da fonte, mas queremos impor regras. Saímos de ambientes que têm fonte, para ambientes que têm sensação. A moda agora é criar sensação, um clima favorável para atrair. Não sou contra algumas estratégias, o problema é que só há uma sensação de fonte, nada mais que isso! No último dia da festa, Jesus estava dizendo que a nossa festa acaba, mas que a fonte dEle é para sempre. Venha beber!

75. REVOLUÇÃO FRANCESA

"Os céus e a terra passarão, mas as minhas palavras jamais passarão." Mt 24:35

A Revolução Francesa dava ênfase à ciência, razão, observação e experiências. Construíram a árvore da razão e descartaram a espiritualidade. A época também é conhecida como a Era do Iluminismo, na qual afirmavam ter recebido luz na mente. Já não era mais a Idade Média, mas de pensadores, de evolução. Um dos objetivos dos pensadores da época, era criar uma enciclopédia, em que escreveriam sobre tudo, seja de plantas, ou mesmo de todo conhecimento do mundo. Essa enciclopédia seria a maior fonte de conhecimento do mundo, para alguns, o maior livro do mundo. A enciclopédia foi algo positivo, mas estava longe de substituir a Bíblia.

O famoso escritor e historiador Voltaire, empolgado com tudo que estava acontecendo, disse: "Em vinte anos o cristianismo acaba, e em cinquenta anos ninguém se lembrará do cristianismo. Apenas uma mão minha é capaz de destruir o edifício dessa religião que precisou de 12 apóstolos para edificar." Mas para a tristeza de Voltaire, vinte anos se passaram e o cristianismo não acabou, e pra piorar, naquela mesma época ele ficou doente e até no leito da morte não conseguia esquecer o evangelho. Antes de morrer, ele disse ao seu médico: "Estou abandonado por Deus, vou pra o inferno e você vai ir comigo."

Cinquenta anos depois de Voltaire se gloriar e dizer que ninguém se lembraria do cristianismo, a Sociedade Bíblica de Genebra comprou a casa de Voltaire. O local foi transformado numa distribuidora de bíblias, ou seja, centenas de bíblias nos mesmos cômodos que Voltaire um dia residiu. Irônico, né? Não importa a época, Idade da Pedra, Idade Média, Idade Moderna, Pós-Moderna ou como alguns dizem: Pós-Cristã. Não importa, Cristo continua no centro e é Soberano na história!

76. ESPÍRITO DE JEZABEL

"Com aparência de piedade, todavia negando o seu real poder. Afasta-te, portanto, desses também." 2 Tm 3:5

Já falamos sobre Evans Roberts, jovem que foi poderosamente usado por Deus no País de Gales, onde ocorreu um dos maiores avivamentos da história - um dos meus favoritos. Naquela época, 20% da população aceitou a Jesus, ou seja, 100 mil pessoas aceitaram a Jesus em pouco tempo. Bares se fecharam, pois não tinham pessoas para os frequentar, eles iam aos cultos. Esse avivamento mudou a história da Igreja, a salvação alcançou e inspirou pessoas até de outros Países. A sociedade da região foi transformada.

O líder daquele movimento, Evan Roberts, tinha apenas 26 anos. Todavia, o que pouca gente sabe é que Evan Roberts foi seduzido por um espírito de Jezabel, não seduzido sexualmente, mas psicologicamente. Uma mulher, por nome de Jessie Penn-Lewis, passou a fazer parte do ministério de Roberts, era pregadora, porém, nenhuma igreja daquela região havia dado espaço para ela ministrar. Entretanto, de alguma forma, Jessie conquistou o coração de Roberts.

Roberts chegou à conclusão de que aquela mulher era usada por Deus. Ela ludibriou-o. Fez com que ele acreditasse que deveria ser recluso em seu ministério, se esconder, a fim de não roubar a glória de Deus. Jessie o induziu a parar com ministério por um tempo. Foi o que ele fez. Cheio de temor, não querendo "roubar a glória de Deus", caiu no papo daquela mulher e se escondeu de todos.

Graças a Deus, após um tempo ele voltou, porém, nunca mais foi o mesmo, tudo por culpa da influência ministerial de uma mulher com espírito de Jezabel. Essa mulher tinha o que Bíblia chama de falsa piedade. Um sinal do falso piedoso é parecer piedoso aos olhos de suas vítimas. Como um sociopata, o falso espiritual é alguém que age de forma camaleónica, alguém que aparenta ser genuíno defensor dos preceitos cristãos. A Bíblia nos alerta quanto a pessoas assim, que não estão cheias de Deus, mas de si. Engodadas e ludibriadas.

77. GEORGE MÜLLER

"Ó tu que ouves a oração, a ti virão todos os homens." Sl 65:2

George Müller pastoreava uma igreja em Bristol, Inglaterra. Certa vez, ele sentiu a necessidade de abrir um orfanato, mas em seu bolso tinha apenas duas moedas. George começou a orar intensamente. Orou, orou, orou até conseguir o dinheiro para alugar uma casa que comportasse 30 crianças. Passou o tempo, e ele sentiu que precisava de mais, então, continuou orando e conseguiu mais três casas, para um total de 120 crianças. Em seguida, orou pedindo a Deus 15 mil libras, Deus respondeu e ele abriu uma casa para 300 crianças. A oração não parou, Deus lhe deu outro prédio. Chegou a um número expressivo de 2.100 crianças em seu orfanato.

George Müller tinha uma regra: nunca pedir ajuda a ninguém, mas sempre orar! Orar é ver Deus se movendo em seu favor. Orar é colocar tudo nas mãos de um Deus que é capaz. A própria vida de Jesus foi de muita oração.

Marcos 1:35 - Pela madrugada Jesus saiu para oração

Lucas 3:21 - Jesus orou e o céu se abriu.

Lucas 5:16 - Jesus se retira para lugares solitários e ora.

Lucas 6:12 - Jesus saiu para o monte e passou a noite em oração.

Lucas 9:18 - Jesus orando em particular.

Lucas 9:28 - Jesus pegou Pedro, João e Tiago e foram para oração.

Lucas 22:32 - Diz que Jesus orou.

Lucas 22:41 - Jesus se colocou de joelhos e orou.

Lucas 22:44 - Ele continua em intensa oração.

Jesus não só orou, mas ensinou sobre oração.
Jesus ensinou que a oração abre a porta dos dons de Deus.
Jesus diz que a oração era o método de comunhão entre Ele e o Pai.
Jesus ensinou que a oração é a fonte de poder.
Jesus orou e andou sobre as águas.
A oração foi a última atividade de Jesus antes de ser preso e antes de ser morto.
Jesus passou a noite em oração para escolher seus discípulos.
Jesus orou na Cruz.
Jesus multiplicou pão e peixe, mas após isso ele não relaxou, da multiplicação ele foi para oração e, no meio da noite, andou sobre as águas. Pedro também quis andar, mas começou a afundar. Quem não ora afunda! Afunda nas provações. Afunda nas aflições. Afunda nos conflitos internos. Quem não ora, não vive o sobrenatural de Deus. Quem ora vê "coincidências" acontecendo, que na verdade é a mão de Deus!

78. INQUIETAÇÃO!

"Porque nada trouxemos para o mundo, nem coisa alguma podemos levar dele. Tendo sustento e com que nos vestir, estejamos contentes." 1 Tm 6:7-8

Em 1509, Don Diego Colombo, filho de Cristóvão Colombo, descobridor das Américas, pega sua família e parentes próximos rumo a uma nova terra. Eles foram parar em Porto Rico. Junto dele um homem chamado Juan Ponce de Leon, que se tornou o primeiro governador de Porto Rico.

Juan Ponce de Leon ouviu falar de uma água que ao banhar-se, rejuvenescia. Juan nunca gostou de viajar à procura de novas terras, mas tinha inquietude de encontrar um meio para prolongar sua vida. Ele descobre Bahamas, banha-se, e nada, a inquietude continua. Chega em Saint Augustine, vê belíssimas flores, encantado ele diz: "Aqui se chamará Flórida." Ele banha-se na Flórida, mas nada muda. Ainda inquieto, ele se dá conta que gastou a vida procurando algo que a prolongasse, mas na verdade ele só perdeu tempo!

A história desse homem reflete a nossa vida, a inquietação na alma. Vivemos uma das eras mais inquietas de todas. Insatisfação com trabalho, futuro, localidade, espiritualidade. Essa inquietude a qual me refiro, não é divina, não é boa, não é saudável. Tudo isso traz perturbação na mente, confusão na família, desencadeia ansiedade e depressão. Não produz nada em nós!

Paulo disse: *"Porque nada trouxemos para o mundo, nem coisa alguma podemos levar dele. Tendo sustento e com que nos vestir, estejamos contentes."* 1 Timóteo 6:7-8

79. VIVENDO DE RESTOS

"Buscar-me-eis e me achareis quando me buscardes de todo o vosso coração." Jr 29:13

O famoso pregador americano D. L. Moody sempre contava uma história sobre um cachorro. Durante muitos anos, um homem dava ao seu animal de estimação apenas as migalhas da sua refeição. Quando o dono terminava de se alimentar, o cão assentava e esperava pacientemente. Um dia, aquela família recebeu alguns convidados, que logo começaram a comentar que o cachorro comia apenas os restos. Um dos convidados sugeriu que o homem desse um filé inteiro ao cão como teste. O convidado ainda disse: "Aposto que o cão não irá comer o bife."

O dono logo retrucou: "É claro que ele vai comer o filé. Ele vai ficar muito feliz ao invés de receber apenas os restos".

Quando eles colocaram o bife para o animal, o cachorro olhou para o seu dono e foi sentar-se certa distância dali. Ele já tinha passado tanto tempo comendo os restos, que não queria algo semelhante a um bife inteiro.

Muitas pessoas não crescem na graça e no conhecimento, se acomodam e ficam do mesmo jeito para sempre. As migalhas serão seu alimento para sempre. Não buscam a Deus no íntimo para ver crescimento espiritual em suas vidas, acostumam-se com o raso.

Experimentar um mover de Deus dentro de nós é um grande momento para qualquer homem. O pastor A. W. Tozer escreveu dizendo que as pessoas nascem, morrem, constroem, plantam, colhem, casam-se, viajam, dormem, brincam e se divertem, isso tudo é rotina para qualquer ser humano. Porém, o melhor da vida é ter a voz de Deus movendo-se dentro de nós. A maioria das pessoas vai permanecer da mesma maneira que foi criada, a única diferença será a "migalha" cultural. Morrerão sem ter experiência do que é fechar a porta e falar com o Pai.

80. O PASTOR VEIO ME VISITAR, VOU MORRER!

"...eis que eu estou convosco todos os dias, até a consumação dos séculos. Amém." Mt 28:20

Aiden Wilson Tozer, conhecido como A.W. Tozer foi um famoso escritor, pastor e pregador do século 20 (1897 – 1963). Escritor de livros que se tornaram clássicos no mundo da literatura cristã. Conhecido por suas colunas em revistas e por seu lindo ministério na cidade de Chicago.

A história de hoje é sobre seu acordo com a Igreja de Chicago. Antes mesmo de aceitar o pastorado, Tozer tinha muitas responsabilidades em sua convenção, era escritor de vários artigos, colunas, livros etc. Ele sabia que não teria tempo para se dedicar 100% a uma Igreja local. Porém, a Igreja de Chicago queria muito tê-lo como pastor. Depois de algum tempo em oração e conversas, Tozer fez o seguinte acordo: "Irmãos de Chicago, aceito a proposta, serei o vosso pastor. Porém, quero dizer que, devido as minhas responsabilidades, não poderei ficar visitando todo irmão enfermo da Igreja, apenas quando o caso for sério. Pois, isso demanda muito tempo."

A igreja de Chicago prontamente aceitou e foi exatamente o que aconteceu, o Pastor Tozer não visitava irmãos enfermos, mandava outros obreiros para tal tarefa, quando o caso era muito sério, Tozer aparecia na visita.

Certa feita, um irmão estava internado, mas o caso não era grave, por isso, ninguém esperava o Pastor Tozer. Todavia, naquele dia, Tozer estava passando de carro pela redondeza do hospital e, então, decidiu visitar o querido irmão, mesmo sabendo que não era nada sério.

Quando o irmão avistou o Pastor Tozer na porta do quarto, imediatamente, começou a chorar. Ele disse: "Estão mentindo para mim, meu caso é muito sério, estão escondendo minha doença. Fale a verdade, qual é o meu problema? Se o meu problema não fosse sério, o Pastor Tozer não me visitaria!"

A presença do Pastor Tozer era sinônimo de algo sério, em outras palavras, fases terminais. Mas Deus não é assim, Ele prometeu estar conosco todos os dias, em todas as fases, em todos os momentos. Ele não aparece só nos períodos delicados, na verdade, Ele nunca vai embora.

81. FALAR É FACIL, DURO É VIVER!

"Meus irmãos, tenham por motivo de grande alegria o fato de passarem por várias provações, sabendo que a provação da fé que vocês têm produz perseverança."
Tg 1:2,3

Quem me conhece sabe que constantemente cito frases de C.S. Lewis. Afinal, seus livros são pérolas aos nossos corações. Ele foi ateu, se converteu e se tornou uma voz à sua geração. O livro que ele escreveu em 1940, com título: "O problema da dor" foi a obra que levou seu nome ao nível mundial. Nesse livro, ela dá resposta aos problemas que as dores trazem. Posteriormente, 21 anos depois, escreveu outro livro, por nome: *"A Grief Observed* - Observando a dor". Mas ele não escreveu em seu nome, o livro foi publicado em nome de N.W. Clerk, nome fictício.

A diferença entre os livros é enorme. No primeiro, ele explica a dor, no outro, ele pergunta sobre elas. Os questionamentos surgiram enquanto ele observava e sofria ao ver sua querida esposa Joy Davidman padecer com câncer nos ossos.

Durante seu sofrimento, alguém lhe levou de presente uma cópia do livro *"A Grief Observed"*, para que ele refletisse e encontrasse forças, o que não sabiam era que ele havia sido o escritor da obra!

De fato, uma coisa é falar sobre sofrimento, outra é passar pelo sofrimento. Uma coisa é falar sobre renúncia, outra coisa é renunciar. Uma coisa é falar sobre o perdão, outra coisa é perdoar!

Porém, as histórias bíblicas nos ensinam algo sobre a dor. Tiago disse: *"Meus irmãos, tenham por motivo de grande alegria o fato de passarem por várias provações, sabendo que a provação da fé que vocês têm produz perseverança."* Precisamos entender que as provações não trazem alegria, mas a alegria vem quando entendemos que toda provação está debaixo da autoridade de um Deus que é Soberano e que usa as minhas dores para um grande propósito!

82. NOSSO SUCESSO É PORQUE SEGUIMOS ESTE LIVRO À RISCA!

"Lâmpada para os meus pés é tua palavra, e luz para o meu caminho." Sl 119:105

Por muitos anos, a Sears foi uma das maiores lojas dos Estados Unidos. Ela começou semelhante ao WalMart, loja de descontos e popular.

Após algum tempo, outra loja do mesmo segmento começou a se destacar em Chicago, nova concorrente da Sears. O nome era Nordstrom. Como a Nordstrom cresceu, a Sears começou a perder grande parte do mercado. Eventualmente, a Nordstrom superava as vendas na área de Chicago.

Um repórter foi enviado para produzir matéria sobre as duas lojas e tentar descobrir o motivo da Sears perder para a Nordstrom.

Uma reunião foi marcada com os diretores executivos de ambas as lojas. O objetivo era conhecê-las e relatar os fatos que ocorriam nas duas corporações. Na sala de reuniões, o clima era tenso. A reunião foi no prédio sede da loja Nordstrom. Os dois executivos estavam sentados frente a frente.

A primeira pergunta do repórter ao executivo da Nordstrom foi ao que ele atribuía todo o seu sucesso. O executivo imediatamente se levantou e saiu da sala. O repórter ficou envergonhado, pois pensou que havia feito a pergunta errada. De repente a porta se abre e o executivo retorna. Ao retornar ele coloca um livro sobre a mesa e diz: "Nosso sucesso é porque seguimos este livro à risca." Quando questionado sobre qual era o livro a que ele se referia, o diretor levantou uma cópia muito esfarrapada do manual de operações originais da Sears. Fitando os olhos no executivo da Sears, ele continuou. "Fizemos exatamente do jeito que você disse que deveria ser feito. Fizemos de acordo com o livro da sua loja, Sears." A Sears, por outro lado, tinha deixado de seguir as regras de seu próprio livro!

A Bíblia é a nossa regra de fé. Os pastores não são guiados de acordo com os seus próprios desejos, nem de acordo com a vontade do povo, mas de acordo com os ensinamentos das Escrituras. Infelizmente, enfrentamos os mesmos problemas que um dia a Sears enfrentou; eles tinham as instruções, mas não as seguiam.

83. COMO UM BOI QUE VAI PARA O MATADOURO

"Meu filho, guarde as minhas palavras e conserve os meus mandamentos em seu coração." Pv 7:1

David era um pastor reconhecido em sua cidade. Tudo parecia estar perfeito em seu ministério. Frequentemente, ele aparecia nos jornais locais. Embora tudo parecesse estar indo bem, ele e sua esposa estavam com problemas, há meses não tinham relações sexuais.

Certo dia, ele recebeu em seu escritório uma mulher muito atraente, por sinal. Após a mulher entrar em seu gabinete, ele, como de costume, fechou a porta, pois sua secretária ficava do lado de fora. A mulher, parada no meio da sala, começou a elogiar o pastor David pela unção que ele possuía.

Ela chegou a compartilhar uma visão que havia tido com o querido pastor, afirmando que tinha visto ele ministrando para reis e presidentes. Ela afirmou que seu objetivo era ajudá-lo a alcançar este propósito.

Olhando-o nos olhos, ela garantiu que sabia que ele e sua esposa não se relacionavam mais. Ela percebia a solidão dele. Depois de algumas palavras de sedução, o pastor ficou totalmente envolvido com a sensualidade dela. Então, num gesto ousado, a mulher tirou o casaco, revelando a sua nudez. O coração do pastor palpitou aceleradamente e o poder da sedução tomou conta. Contornando a mesa, ele a tocou e cedeu aos desejos.

Durante as noites seguintes, a angústia tomou conta. A vergonha, dor e culpa apertavam o seu coração. Ele queria fugir, retroceder no tempo e apagar o que tinha acontecido.

Por fim, ele se afastou do ministério. Tempos depois, o prédio da Igreja a qual pastoreava, com lugar para três mil pessoas sentadas, foi vendido em um leilão.

Observe o que Salomão disse sobre o perigo de ceder as tentações da mulher sedutora: *"E, num instante, ele a seguiu, como um boi que vai para o matadouro; como um animal que corre para a armadilha, até que uma flecha lhe atravesse o coração. Ele era como a ave que corre para dentro do alçapão, sem saber que isto lhe custará a vida."* Pv 7:22,23

84. SALVO PELA BOLHA NO PÉ

"Ele é como árvore plantada junto a uma corrente de águas, que, no devido tempo, dá o seu fruto, e cuja folhagem não murcha; e tudo o que ele faz será bem-sucedido." Sl 1:3

Toda pessoa que já plantou alguma coisa, sabe que é necessário acompanhar cuidadosamente e encontrar a melhor localidade para sua semente, pois há localidades em que a árvore se atrofia e não cresce. Existem observações que devem ser seguidas no plantio. Primeiro, se existe luz em tal localidade; segundo, se a terra é boa; terceiro, se no lugar em que se vai plantar há acesso a água. Sem estes três elementos básicos é impossível o sucesso da semente.

O salmista disse que fomos plantados por Deus. Deus não jogou a semente do céu e disse: "Que caia em qualquer lugar", não foi assim!

O melhor lugar para José não era junto com seus irmãos, mas na prisão; o melhor lugar para Paulo não era junto com Pedro, mas entre os gentios.

A ansiedade nos leva a tomar decisões próprias e, com isso, esquecemos que nossa visão é curta, enxergamos até certo ponto da estrada, já Deus vê atrás das curvas, pois foi Ele quem criou a rota! Às vezes, não entendemos o método do governo, mas devemos colocar nas mãos d'Ele a nossa vida. Ele sabe para onde nos guiar. Não somos guiados por destinos cegos, Deus é o piloto. Se Deus lhe colocou em tal situação é porque existe um propósito, e este plano é maior que os seus problemas.

Quando houve o atentando terrorista no dia 11 de setembro de 2001, nos Estados Unidos, 2.753 pessoas morreram. Uma senhora que trabalhava em um dos prédios estava com uma bolha no pé, por isso precisou passar na farmácia antes de chegar ao escritório. Aquela bolha no pé salvou a sua vida. Outro cidadão atrasou, pois, seu relógio não despertou. Isso também lhe poupou a vida. Às vezes não entendemos os propósitos, mas não podemos nos queixar da bolha no pé.

A localidade era boa, dizia Ló em seu coração, mas Deus sabia que Sodoma era o centro da guerra contra Deus naquela época, e Deus não queria Ló ali. A prisão do Egito parecia o pior lugar, mas era o melhor, pois foi a ponte que conduziu José às promessas.

Não existe lugar ruim quando você está no centro da vontade de Deus, não existe lugar bom quando você está fora do centro da vontade de Deus. Um barco motorizado navega até mais rápido, porém só um barco a vela te leva à direção do sopro de Deus. A escolha é inteiramente nossa, mas a direção tem que vir de Deus, por isso precisamos ser íntimos d'Ele para sermos sábios na escolha.

85. CUIDADO COM OS VELHOS DEBATES!

"Portanto, vede prudentemente como andais, não como néscios, mas como sábios, remindo o tempo, porquanto os dias são maus." Ef 5:15,16

O diabo tem usado muitos debates teológicos para criar confusões sobre a existência humana e a de Deus. Debates calorosos têm surgido ao longo dos anos. Debates sobre Lucifer, se caiu ou não do céu, sobre predestinação, sobre o fim dos tempos. Enfim, a lista é grande. Tem até aqueles que dizem que o diabo não existe, e que o mal da sociedade não tem nada a ver com ele, e sim conosco, como se o problema fosse somente em nós. Entendo que o coração do homem é mal, pois a Bíblia diz isso, mas é impossível não acreditar que existe a influência da velha serpente nesse mundo presente!

Agostinho exemplifica como o homem pode ir tão longe em seus próprios pensamentos e, com isso, tirar de Deus o poder que só pertence à Ele. Ele conta a história de um homem que estava numa discussão se Deus havia mesmo criado as "moscas". "Bem", disse o homem com quem estava discutindo, "se o diabo criou as moscas, como é que você sabe se ele não criou os pássaros pequenos!" "Bem", disse o outro, "É provável que o tenha feito mesmo." "Bem", concluiu o homem com quem ele estava discutindo, "Mas se ele fizesse os pássaros pequenos, por que é que ele não poderia ter feito o mundo inteiro?" Com isso, Agostinho declara: "Veja como através de uma admissão — outrora permitindo que o diabo tenha criado as moscas — o homem passou a crer que o diabo foi o criador".

Certa vez, um estudante perguntou a A.W. Tozer sobre o que ele achava do velho debate entre os calvinistas e arminianos. Tozer respondeu: "Jovem, quando você entrar numa universidade teológica, vai ouvir muito esse debate, cada vez mais caloroso. Cada qual defendendo sua teoria, porém, outras pessoas mais inteligentes que nós já debateram este tema e nunca chegaram à conclusão alguma. Faça o seguinte, quando eles estiverem debatendo, saia da sala, feche a porta do seu quarto e vá orar, no final do curso, você estará em outro nível espiritual, mas eles ainda debatendo sobre o calvinismo e arminianismo.

86. TEM UMA BOMBA NO AVIÃO

"Porque os meus pensamentos não são os vossos pensamentos, nem os vossos caminhos os meus caminhos, diz o Senhor." Is 55:8

O doutor Lloyd John Ogilvie serviu como ministro da Primeira Igreja Presbiteriana de Hollywood antes de se tornar capelão do Senado dos Estados Unidos, em 1995. Se aposentou do cargo em 2003.

Certa vez, estava indo de Kansas City a Los Angeles, durante o voo o piloto recebeu notícia da torre de controle que havia uma bomba dentro do avião, e que haveria explosão quando a aeronave estivesse a 500 pés do nível do mar, no aeroporto de Los Angeles. Após longo tempo, sem saber o que fazer, o piloto teve uma ideia. Ele disse: "Vamos pousar em Denver, Colorado". Denver é 5.280 pés acima do nível do mar, então eles pousaram tranquilamente em Denver!

Deus sempre tem Denver para te socorrer. Deus sempre tem uma porta de escape. Pode ser que você esteja quase para explodir internamente, cheio de problemas e cansado. Eis aqui o conselho, procure o lugar mais alto. Não ande no baixo, mas em lugares altos. Lugar alto é andar de joelho.

Matthew Henry afirmou: "A oração é a parteira da misericórdia." Charles Stanley dizia assim: "A distância entre o problema e a solução é a distância entre o seu joelho e o chão."

Muitas pessoas não crescem na graça e no conhecimento, elas se acomodam e ficam do mesmo jeito para sempre.

Experimentar um mover de Deus em nós é um grande momento para qualquer homem.

As pessoas nascem, morrem, constroem, plantam, colhem, casam-se, viajam, dormem, brincam e se divertem, isso tudo é rotina para qualquer ser humano. Você sabe o que é migalha cultural? Um americano ama café, o britânico ama chá. O brasileiro joga futebol, o americano Baseball. Isso tudo é migalha cultural, poucas diferenças, mas o melhor da vida é ter a voz de Deus movendo-se em nosso interior. A maioria das pessoas permanece da mesma maneira que foi criada, a única diferença será a "migalha" cultural. Morrerão sem ter experiência do que é fechar a porta e falar com o Pai e ver o seu agir durante a sua existência nessa terra!

"Não é a postura do corpo, mas a atitude do coração que conta quando oramos." - Billy Graham

87. DEIXE O MENINO AFOGAR

"Se dissermos: 'Não temos pecado', estamos nos enganando, e a verdade não está em nós."
1 Jo 1: 8

Watchman Nee costumava contar a excelente história de um nadador profissional. Ele relata que, certa vez, o nadador viu quando um jovem estava se afogando e, por um momento, ele não fez nada. Deixou o menino em agonia sozinho na água. Quando o nadador percebeu que o rapaz estava perdendo as forças, e em seguida deu o último suspiro se afundando para a água, foi então que ele decidiu pular e salvar o jovem.

Quando questionado por que ele demorou tanto para ajudar, ele respondeu: "Se eu tivesse entrado cedo, ele tentaria se salvar de qualquer jeito, se enlouquecendo e me agarrando. Um homem que está se afogando não pode ser salvo até que esteja totalmente exausto, quando eu vi que ele estava exausto, então, entrei na água para salvá-lo!"

João disse: *"Se dissermos: 'Não temos pecado', estamos nos enganando, e a verdade não está em nós."* Todo dependente químico, ou qualquer pessoa que tenha um vício que a controla completamente, geralmente, tem as seguintes dúvidas:

Sou impotente sobre o meu comportamento?
Se sou, como posso me tornar uma pessoa responsável?
O que posso fazer para mudar?

Todo programa de tratamento e recuperação ensina que o viciado deve admitir que é viciado. Se ele não admitir, não terá solução. Na Bíblia, isso se chama confissão. Confessar significa admitir sua situação. Você tem o poder, você tem a capacidade de dizer: "Sim, sou eu!" Você não pode mudar a situação, mas pode confessar! Você tem o poder de concordar com a verdade sobre os seus problemas!

Agostinho disse assim: "Meu pecado era incurável porque eu não me considerava um pecador".

Em Tiago 5:16, diz: *"Portanto, confessem os seus pecados uns aos outros e orem uns pelos outros para serem curados. A oração de um justo é poderosa e eficaz."* Há poder quando você confessa. Tem pessoas que querem ser detetives dos pecados alheios, mas são agentes secretos sobre seus próprios pecados. Por isso, não mudam de vida. O peso do pecado desaparecerá quando você confessar. Quando você confessar, Deus vai te tirar dessa água profunda que está te afogando!

88. ESTOU COM DOR DE DENTE, MAS NÃO VOU FALAR NADA

"Se vós, pois, que sois maus, sabeis dar boas coisas a vossos filhos, quanto mais vosso Pai celeste dará boas coisas aos que lhe pedirem." Mt 7: 11

C. S. Lewis conta que na sua infância, quando sentia uma dor de dente, nunca falava para sua mãe na hora. Esperava chegar a noite e só então dizia algo. Ele explicava: "Esperava até a noite, pois, se eu falasse durante o dia, ela iria querer me levar ao dentista imediatamente e eu odeio dentistas. Mas no outro dia de manhã, minha mãe acordava cedo e já me levava ao consultório. O dentista não mexia apenas no dente que doía, mexia nos outros também. Fazia isso porque sabia que, embora os outros dentes não estivessem doendo no momento, em breve iriam doer. Ou seja, ele estava querendo evitar a dor do amanhã."

Assim acontece conosco, esperamos chegar ao limite para só então se entregar. Quando nos entregamos, esperamos uma simples mudança, quando, na verdade, o "dentista" Jesus já está mexendo em outras áreas da nossa vida. Achamos que o problema, muitas vezes, é apenas um dente, mas Jesus sabe mexer nos pontos que sequer pensamos ser necessário. Uma pergunta: será que estamos abertos às mudanças? Será que nosso coração é flexível o suficiente para perguntar a Deus qual é a Sua vontade as nossas vidas?

Não podemos dizer para Cristo que queremos ser seus discípulos se, em contrapartida, colocamos uma lista de regras e exigências para Ele. Jesus certamente irá negá-las.

Para sermos discípulos de Cristo é imprescindível a renúncia completa!

Após a entrega total, vem o crescimento espiritual. Não existe crescimento sem a renúncia das seguranças humanas. Nossas garantias humanas impedem o sobrenatural e, quando você dá o primeiro passo para viver os reais propósitos de Deus, quase sempre Ele exige que você renuncie suas seguranças humanas. Mas lembre-se de algo, Ele é teu Pai e, embora não entendamos no início, devemos colocar em mente que a vontade dEle é perfeita, santa e agradável.

89. APOSENTADOS NA ÁFRICA

"Assim como o Pai me enviou, eu também envio vocês."
Jo 20:21

Tenho um casal de amigos que são missionários em Moçambique, na África. Eles não são jovens. O missionário Natanael Pereira da Cruz e a missionária Nizete Ferreira da Cruz, após se aposentarem, decidiram ajudar o trabalho missionário na África, liderado pelo brilhante missionário Nelson Marques da Cruz.

Quando fui visitá-los, tive a oportunidade de fazer a seguinte pergunta: "Irmão Natanael e irmã Nizete, vocês se arrependeram de ter vindo para a África, uma vez que os dilemas aqui são intensos?". Ela respondeu com rapidez e sinceridade: "Deus me chamou quando eu era bem mais nova. Hoje, já não tenho a mesma força física, então, me arrependo sim, mas por não ter vindo antes".

Pude notar em seu semblante que ela tinha achado um verdadeiro propósito em sua caminhada cristã. Não há nenhuma garantia. Eu os conheço e sei que a luta é diária. Já os vi chorando de alegria pelo recurso que chegou no último instante. De uma coisa tenho certeza: a sede da alma foi preenchida, pois estão no centro da vontade de Deus!

Atualmente, há uma visão limitada do que realmente é o Reino de Deus. Há quem pensa que apenas aceitar a Cristo em um culto é o suficiente. E aí dizemos que a "política da salvação entrou em vigor", o pecador poderá voltar para qualquer vida que estava tendo — de riqueza e sucesso ou de pobreza e sofrimento. Enquanto a política estiver em vigor, as outras coisas não importam tanto, pois já temos nossa passagem para a próxima vida, nosso futuro na eternidade já está garantido.

Tornamos nosso chamado a coisa mais difícil que existe, como se fôssemos fazer todo o trabalho sozinho. Quando você pensa que todo o trabalho que tem de fazer será serviço de apenas uma pessoa, sem dúvida, ficará assustado com a carga — e, realmente, isso seria um trabalho árduo, por que não dizer, impossível. Agora, se Deus o chamou, é sinal de que você não estará sozinho.

Alguém, certa vez, perguntou a Charles Spurgeon: "Como você consegue realizar tanto e conquistar tanto trabalhando sozinho?". Ele respondeu: "Quem lhe disse que eu estou sozinho?".

"A verdadeira fé aceita o desafio sem os poréns", dizia D. L. Moody. Fé não é apenas uma palavra mágica que sai dos nossos lábios, é dar passos na escuridão com a confiança de que Deus está enxergando tudo!

90. ORGULHO NO POLO NORTE

"A soberba precede a ruína, e a altivez do espírito precede a queda. Melhor é ser humilde de espírito com os mansos do que repartir o despojo com os soberbos".
Pv 16:18-19

O capitão Robert Pearcy tinha como objetivo ser o primeiro homem a chegar no Polo Norte. Ele queria colocar uma bandeira no ponto mais extremo do Polo, em que nenhum homem antes dele tinha conseguido. Ele escolheu um jovem, negro, chamado Matthew Henson para o acompanhar. Com esse jovem forte, corajoso, destemido, eles partiram. Levaram 200 cachorros para arrastá-los pelo gelo, toneladas de comidas e equipamentos. Porém, quando estavam quase chegando, o capitão, com exaustão, parou e não conseguia mais sair do lugar, lhe faltava forças físicas. Matthew continuou a trajetória com o intuito de na volta, pegar o capitão e cuidar dele em seu retorno aos EUA.

No entanto, aconteceu diferente. O capitão nunca mais falou com Matthew. Ele se encheu de tanto orgulho e ódio, pelo fato dele não ter conseguido, que nunca mais voltou a falar com o jovem. Matthew conta que no Pole Norte foi onde seu coração ficou em pedaços, pois ele amava seu capitão.

Quando eles regressaram aos EUA, houve muita celebração, era como se tivessem pisado na Lua, porém, ninguém sabia de fato o que havia acontecido. Toda glória foi para o capitão, Matthew não foi lembrado por ninguém. Trinta e cinco anos depois do ocorrido souberam da história completa.

C.S. Lewis não errou quando disse: "O orgulho é a galinha sob a qual todos os outros pecados são chocados."

O orgulho acaba com amizades,
O orgulho acaba com casamentos,
O orgulho acaba com ministérios,
O orgulho acaba com tudo ao seu redor.

A Bíblia diz: *"A soberba vem antes da queda!"*

Andrew Murray afirmou: "Orgulho é a porta, o nascimento e a maldição do inferno." Pois Satanás foi o primeiro orgulhoso! Deus abomina o orgulho!

91. MINHA LÍNGUA GRANDE

"Meus amados irmãos, tenham isto em mente: Sejam todos prontos para ouvir, tardios para falar e tardios para irar-se." Tg 1:19

Já ouviu falar sobre as três peneiras da sabedoria? Um rapaz procurou o famoso filósofo Sócrates e disse que precisava contar algo sobre alguém, Sócrates olhou para o rapaz e disse: "O que você vai me contar já passou pelas três peneiras? O jovem questionou: "Quais peneiras?" O filósofo respondeu: "As peneiras da verdade, bondade e necessidade."

"A primeira peneira se chama verdade. Caso, apenas, tenha ouvido falar de alguém, sem provas concretas, então nem vamos iniciar a conversa, pois ainda não passou pela maneira da verdade", disse.

"Suponhamos que seja verdade tudo que você esteja falando, então deve passar pela peneira da bondade, o que você vai contar é algo bom, construtivo e útil?", continuou Sócrates.

"E por fim, a peneira da necessidade. Convém contar? Vai resolver alguma coisa, vai ajudar a nossa comunidade? Ajudará a sua vida e a minha?"

"Se esse for o caso, então conte. Porém, se não tiver passado pelas três peneiras, enterre e fica quieto", concluiu.

Por vezes, não temos nada a dizer, a maioria das vezes são tagarelice e tolice. O proverbista disse que até o tolo parece ser sábio quando fecha a boca. Seja um porto seguro ao seu irmão, protegendo sua reputação de pessoas que falam demais.

Salmos 39:1 – *"Eu disse: 'Vigiarei a minha conduta e não pecarei em palavras; porei mordaça em minha boca'."*

Provérbios 10:19 - *Quando são muitas as palavras, o pecado está presente, mas quem controla a língua é sensato.*

Existem vários tipos de língua:

Língua cumprida - Fala o que não deve.

Língua de trapo - Só fala coisas que não prestam. Palavrões e asneiras.

Língua de prata - Fala mal de tudo e todos.

Língua tapete - Sem que seu dono se dê conta, está falando.

Língua enganadora - Ilude o próximo e o induz ao erro.

Língua de veneno - Está sempre acrescentando algo. Venenosa.

Língua de gravata - Vai até a cintura.

Língua de amargura - Passa desgraça todo dia.

Língua apocalíptica - Fica apregoando tragédias. Destruição.

92. É TEMPO DE ENFRENTAR O NAZISMO!

"Quanto ao mais, sejam fortalecidos no Senhor e na força do seu poder. Vistam-se com toda a armadura de Deus, para poderem ficar firmes contra as ciladas do diabo."
Ef 6:10,11

Dietrich Bonhoeffer foi pastor na era nazista. Ele não era crente, mas era pastor — difícil de entender, mas ele mesmo se classificou assim: não era salvo, mas era pastor. Bonhoeffer estudou teologia para aumentar o currículo e acabou se tornando um pastor.

Quando ele, de fato, se converteu, clamou a Deus por mudança de vida. Ele queria algo real, sincero. Ele disse: "Do jeito que estamos vivendo o Evangelho, vamos ser tragados por Hitler, e a Igreja alemã vai passar vergonha". A história comprova que ele estava certo!

Digo a mesma coisa nos dias atuais: "Do jeito que estamos vivendo o Evangelho seremos tragados pelo mundo e vamos passar vergonha!". Olhe o mundo à sua volta, ele te prende. Olhe o seu coração, ele te engana.

Aconteceu algo na vida de Bonhoeffer que o despertou para a necessidade de uma mudança radical. Ele foi convidado para fazer o velório de um jovem judeu, mas a Igreja, naquela época, sofria cruel perseguição. Após ouvir alguns conselhos, ele chegou à conclusão de que, se ele fizesse o velório do jovem judeu, três coisas poderiam acontecer: **Primeiro,** ele iria perder a sua posição. **Segundo,** ele iria perder a chance de crescer dentro da Igreja alemã. **Terceiro,** ele iria causar um tremendo incêndio, brigas e confusões.

Então, ele decidiu não fazer o velório, mas internamente aquilo foi como uma facada. Ele ficou extremamente envergonhado consigo mesmo que, depois daquele dia, resolveu pregar de frente contra as heresias da Igreja alemã e ser um verdadeiro cristão. Foi o que aconteceu, ele causou um grande impacto em inúmeras vidas, apesar de ter sido morto pelos nazistas. Não podemos ter medo de tomar posição!

A mudança de vida não é uma sugestão, é questão de vida ou morte. Os nossos vícios estão nos destruindo; a torre que controla nosso coração está cheia de motivações equivocadas. O Espírito Santo está gritando em sua alma — é tempo de mudanças!

93. MEU PAI NÃO MATOU JUDEUS

"Se afirmarmos que não temos pecado, enganamos a nós mesmos, e a verdade não está em nós." 1 Jo 1:8

Nenhuma evidência, visita ao campo de concentração de Dachau ou testemunho durante os julgamentos do pós-guerra convenceu Gudrun Himmler (Gudrun Burwitz) dos crimes cometidos pelo seu pai durante o Holocausto. Até a morte, ela defendeu Heinrich Himmler, um dos mais cruéis e notórios líderes nazistas.

Gudrun nasceu em 1929, mesmo ano que Adolf Hitler nomeou seu pai para liderar a SS, que antes era uma unidade de guarda-costas do líder do Partido Nazista. Depois que Hitler se tornou chanceler, Himmler acabou se tornando um dos homens mais poderosos da Alemanha nazista. Himmler transformou a SS numa instituição mortal, que administrava o sistema de campos de concentração e foi responsável pela execução e assassinato em massa dos judeus da Europa. Ele não se desculpou.

Num discurso de 1943, ele reivindicou um "direito moral" de matar as pessoas que "queriam nos matar".

Para sua esposa e filha, Himmler era o marido e o pai amado que raramente viam. A partir das anotações do diário escrito pela sua esposa, Margarete, pode-se imaginar Himmler como um contabilista durante a época dos impostos, não como o homem responsável por supervisionar a "Solução Final" – o plano nazista para assassinar todos os judeus da Europa. "Ele tem muito o que fazer", escreveu Margarete em 1941, quando Himmler só podia voltar para casa um dia, na época do Natal.

Gudrun e Margarete conheceram, em primeira mão, seu trabalho. Elas visitaram Dachau com Himmler, escrevendo sobre isso em seus diários. Gudrun lembrou-se de ter visto jardins e descreveu obras de arte feitas por prisioneiros.

Em maio de 1945, após a rendição da Alemanha, Himmler foi capturado por soldados soviéticos. Ele estava disfarçado e os soviéticos o entregaram aos britânicos, sem perceber quem ele era. Depois ele confessou sua identidade, mordendo uma cápsula de cianeto que havia escondido.

Após a guerra, Gudrun contribuiu para uma organização conhecida como "Ajuda Secreta", que auxiliou os nazistas que tentavam escapar da acusação e lhes forneceu assistência financeira. Ela negou o Holocausto até o dia de sua morte.

Quero que reflita neste texto: *"Se afirmarmos que não temos pecado, enganamos a nós mesmos, e a verdade não está em nós. Se confessarmos os nossos pecados, ele é fiel e justo para perdoar os nossos pecados e nos purificar de toda injustiça. Se afirmarmos que não temos cometido pecado, fazemos de Deus um mentiroso, e a sua palavra não está em nós."* 1 João 1:8-10.

94. NÃO SEJA TOLO

"Enganoso é o coração, mais do que todas as coisas, e perverso; quem o conhecerá?" Jr 17:9

Certa vez, um jovem apareceu para resolver um problema sério com a sua jovem esposa. Ele estava viciado em pornografia. Entretanto, tinha um problema ainda maior do que aquele. Ele era ateu. Todo conselho dado ao jovem não entrava em seu coração, isso porque ele não entendia que aquilo que fazia quebrava os princípios de Deus e feria também os princípios de um relacionamento. Você já sabe o final. Divórcio!

Como resolver problemas sem Deus no meio? Sem os princípios divinos? Guarde essas palavras: Deus e Sabedoria. Você não precisa ter ódio de Cristo para arruinar a sua vida, precisa apenas estar satisfeito com quem você é sem Ele. Talvez, a pior desgraça que pode acontecer a uma pessoa é a sua satisfação em levar uma vida sem Deus. Isso porque é um tremendo engano acreditar que: "Eu sei guiar a minha própria vida". Seguramente, o preço sairá muito caro!

A Bíblia nos diz, com muita clareza, que o nosso coração é inclinado ao egoísmo, à falta de visão e ao pensamento superficial das coisas. Nossa visão de como é a vida, é superficial. Nossa visão de como a vida deveria ser, também é superficial. Nossos sonhos humanos são superficiais. Nossos pensamentos são cheios de "eu acho, eu penso, eu faria". No entanto, não percebemos a superficialidade de tudo isso.

Você sabia que a palavra "tolo" aparece no livro de Provérbios um pouco mais de 60 vezes? Pois é, um termo que define muito o coração do homem, de como somos enganados pelo nosso próprio coração.

Agora, em Provérbios, também menciona sobre a sabedoria – e Cristo é a sabedoria. Sempre ouvi, durante toda a minha vida, que o Cristão é o povo mais inteligente do mundo. Porém, tive dúvidas se isso era realmente verdade, porque conheço pessoas bem-sucedidas que não são cristãs. Entretanto, não existe sabedoria sem Deus. Procure sabedoria e você achará a Deus. Ache Deus e obterá Sabedoria. Um relacionamento com Deus certamente dará a você sabedoria. Não tem como desassociar um do outro. Sabedoria sem Deus não existe. Um profundo relacionamento com Deus trará a você sabedoria em sua caminhada, em sua jornada de vida, nas suas decisões, na criação dos seus filhos, no trato com a esposa, na administração financeira e no perigo que ronda o seu coração.

Jesus é sabedoria e nós somos os seus filhos! Provérbios 1:2 é claro: *"...é compartilhar sabedoria"*. Esse é o desejo de Deus, compartilhar sabedoria. E por que não compartilhar com um filho seu? Em 1 João 3:1 diz: *"Vede quão grande amor nos tem concedido o Pai, que fôssemos chamados filhos de Deus"*. Você é filho de Deus e Ele quer ter um relacionamento com você, quer que alcance o discernimento necessário à sua vida diária! Você é filho de Deus, por isso, Ele deseja que você tenha sucesso acima das provações e aflições diárias! Não pense, nem por um momento, que Deus não se importa com sua dor. Que Ele não o ama.

Achar a Cristo, é achar sabedoria! As pessoas questionam como Salomão, depois de escrever tantos provérbios profundos, entrou na tolice dos pecados. A resposta é simples, o problema de Salomão foi o seu relacionamento com Deus ter falhado. E quando existe essa falha, as inclinações do nosso coração perverso tomam conta.

95. PENDURADOS NA PAREDE

"Todos os que competem nos jogos se submetem a um treinamento rigoroso para obter uma coroa que logo perece, mas nós o fazemos para ganhar uma coroa imperecível."
1 Co 9:25

O evangelista Billy Graham, enquanto falava em reunião de jovens em Illinois, abordou a importância de os cristãos serem pessoas de compromisso, coragem e força interior. Ele disse:

"Não faz muito tempo, a revista *Newsweek* noticiou o que chamam de 'nova onda de homens da montanha'. Estima-se que haja cerca de 60 mil alpinistas sérios nos Estados Unidos. Mas no escalão superior dos escaladores sérios está um pequeno grupo de elite conhecido como 'homens duros'. Para eles, escalar montanhas é um estilo de vida. Em muitos casos, escalar é o maior comprometimento que existe. O objetivo desse grupo de homens é solo livre, escalar sem equipamentos e sem cordas de segurança."

"John Baker é considerado por muitos o melhor dos durões. Ele faz solo livre em algumas das rochas mais difíceis dos Estados Unidos, sem nenhum tipo de equipamento. Sua habilidade não veio com facilidade. Foi adquirida com empenho e dedicação. Sua esposa diz que essa dedicação é de outro mundo. Ela diz que, quando John não está escalando em alguma montanha pelo país, ele está pendurado em casa, se segurando apenas com os dedos — isso para adquirir forças nos dedos, mãos e braço."

O comprometimento da minha geração com o Reino é

superficial. Completamente *light*. Mas ao mesmo tempo lutamos ferozmente por outras coisas. Os jovens mergulham de cabeça nas bolsas de valores, nos jogos e nas Redes Sociais.

O fanatismo, a intensidade, a busca, o anseio — revelam o coração. Outros estão comprometidos em ativismo político. Por que não dizer, até mesmo no ativismo religioso!

Não apenas os alpinistas, mas atletas de todas as modalidades, sofrem nos treinamentos e com dietas rígidas e balanceadas. Vivem uma vida extremamente restrita para ganhar a coroa, mas a Bíblia chama essa coroa de "corruptível". E nós, que desejamos herdar a coroa que é incorruptível, o que estamos fazendo em prol do Reino de Deus?

96. O CANADENSE SERÁ MEU SUBSTITUTO

"O Senhor cumprirá o seu propósito para comigo!"
Sl 138:8

No início dos anos 90, todo cristão nos Estados Unidos da América conhecia ou já tinha ouvido falar de David Wilkerson e Leonard Ravenhill. Como já disse em outra reflexão, David Wilkerson foi o fundador de várias organizações e teve enorme impacto. Ravenhill era conhecido como um profeta, um verdadeiro homem de Deus. Seu livro "Porque tarda o pleno avivamento?" é um tremendo clássico, indico a leitura. Ambos eram amigos e famosos no meio gospel.

Nesse período, Wilkerson já tinha fundado sua famosa Igreja no coração de Nova York, a Times Square Church. Ele conta que em 1986, Nova York estava abandonada pelas autoridades e as grandes empresas, os teatros da cidade estavam indo embora, devido ao alto número de drogas e prostituição. Ao andar durante a noite pela Avenida 42, na Times Square, ele disse a Deus: "Senhor, estabeleça uma igreja aqui no meio dessa bagunça. Lugar que seja um farol de esperança." Foi quando Deus respondeu: "Você conhece a cidade, inicie o trabalho." Wilkerson relutou, mas iniciou e Deus abençoou muitissimamente.

Acontece que nesse mesmo tempo, no interior do Canadá, um jovem pregador chamado Carter Conlon, pastoreava uma pequena Igreja na Zona Rural de Quebec. Quando convidado, pregava em outras pequenas Igrejas, mas sem nenhuma ambição.

Certa vez, chegou às mãos de Leonard Ravenhill, que residia em Lindale, Texas, uma fita cassete do pastor Carter

Conlon. Ravenhill ficou impactado com a mensagem do jovem pastor e sentiu que tinha algo de Deus naquele canadense. Ravenhill pegou a fita cassete e enviou para Nova York, ao seu amigo Wilkerson. Ele, por sua vez, não deu muita atenção, jogou no porta luvas do carro e deixou ali por meses.

Em uma ocasião, viajando de Nova York a Pensilvânia e sem nada para ouvir, pegou a fita cassete e colocou. Ao ouvir o sermão, Wilkerson também ficou impactado, parou o carro imediatamente e ligou no número de telefone que havia na fita.

A esposa do Pastor Carter atendeu. Ela ouviu: "Alô irmã, aqui é o Pastor David Wilkerson de Nova York, queria convidar seu esposo para ministrar em nossa Igreja terça-feira da próxima semana, ele está disponível?" Ela nem acreditava no que estava ouvindo, mas imediatamente disse: "Sim, ele está disponível." Para que você tenha dimensão do que acabei de contar, era como se Billy Graham estivesse me ligando no auge do seu ministério.

Um tempo após a ministração, Wilkerson fez o convite para ele assumir como pastor auxiliar. Ficou de 1994 a 2001. Wilkerson, quando foi entregar a Igreja, estava sob muita pressão para que entregasse ao seu filho, mas ele tinha algo no coração. "A missão que Deus vai dar ao meu filho é outra. Agora, a vontade de Deus é que Carter Conlon seja o líder da Times Square Church!"

Carter Conlon pastoreou de 2001 a 2020. Realizou um trabalho maravilhoso para o Reino de Deus. Mas tudo começou com uma fita cassete, dois homens de Deus tendo discernimento e um jovem doando a sua vida numa pequena Igreja, sem saber o que Deus projetava para o seu futuro. Como é importante saber que o acaso não existe, que o homem de Deus não é guiado por destino cego. Não somos controlados por astros, também tenho certeza de que não são as reações químicas de nosso cérebro que nos fazem conquistar alguma coisa, mas é pela graça de Cristo!

97. O FILHO DO POLICIAL SERÁ MEU SUBSTITUTO

"O Senhor faz tudo com um propósito..." Pv 16:4

Como na história anterior, em que contei sobre a substituição de pastores da Times Square Church, deixa eu te contar a segunda transição que acorreu em 2020 nessa mesma Igreja.

O Pastor Carter Conlon, já cansado pela idade e sentido que Deus tinha outras coisas em seu ministério, resolveu entregar a Igreja. Mas para entendermos a escolha do novo pastor, devemos voltar ao fim dos anos 50.

David Wilkerson foi chamado por Deus para pregar às gangues de Nova York, história bem documentada no livro "A Cruz e o Punhal". Wilkerson um jovem pregador do interior, sem nenhuma experiência na grande cidade, mas destemido, iniciou o seu ministério entre as gangues. Certo dia, enquanto pregava ao ar livre nas ruas do Brooklyn, um policial resolveu interromper a cruzada, pois eles estavam com muitos problemas de gangues, então preferiu evitar novos conflitos. O policial disse a Wilkerson: "Você precisa parar de pregar, não pode fazer isso. Você não tem autorização."

Um capitão do policial chamado Paul Dilena, passando na hora perguntou o que estava acontecendo, após lhe explicarem, mesmo sabendo que geralmente os policiais deveriam apoiar as decisões dos companheiros, ele se opôs e disse: "Deixe o homem pregar!"

Paul Dilena e David Wilkerson se tornaram grandes amigos. Paul foi uma peça fundamental no início do ministério de David entre as gangues. Agora, o mais interessante aconteceu anos depois, em 2020!

Quando Carter Conlon, que assumiu a Igreja das mãos de Wilkerson, resolveu entregar a liderança, o Senhor falou com ele: "O novo pastor da Times Square Church se chama Tim Dilena." O filho do policial Paul Dilena!

Tudo na vida de Tim Dilena começou quando o seu pai resolveu tomar uma atitude e disse: "Deixe o homem pregar"! Tim nem era nascido ainda, mas o quebra-cabeça de Deus já estava montado!

Tim Dilena assumiu a Igreja, fundada por David Wilkerson, em março de 2020.

98. VOU SENTAR NA FRENTE

"O Senhor, pois, é aquele que vai adiante de ti; ele será contigo, não te deixará, nem te desamparará; não temas, nem te espantes." Dt 31:8

A mudança de vida nem sempre é rápida e dinâmica, às vezes é como o passo do bebê: lento, caindo e se levantando — mas não deixa de progredir como alguém que logo, logo vai caminhar livremente.

Por vezes, quando nos deparamos com a drástica mudança de vida que precisamos, e ao percebemos como ela é difícil, nos sentimos completamente desencorajados e nem mesmo queremos tentar.

A norte-americana Rosa Parks sentou-se numa Igreja em um lindo domingo. Naquela manhã, o sermão era ministrado pelo pastor batista Martin Luther King Jr., a mensagem era sobre tomar atitudes para ver mudanças. Cinco dias depois, ela sentou-se nas primeiras cadeiras do ônibus — todos sabemos que as primeiras cadeiras eram reservadas aos brancos, e ela, sendo negra, deveria se sentar lá no fundo. Porém, Rosa sentia a necessidade de fazer algo diferente, e essa foi a sua atitude. O final da história não precisamos nem contar: o boicote aos ônibus se iniciou ali, e o grande conflito racial tomou proporção gigantesca, que mudou os Estados Unidos. Hoje Rosa Parks é considera uma heroína nacional.

Durante as crises da alma, você encontrará forças em Deus e mudará de vida — ou se esconderá na sua zona de conforto esperando a vida passar. Há quem diga que, para atravessar o oceano, precisamos primeiro tirar o pé da areia e perder de vista a orla.

Toda vez que você começar a lutar por mudanças, sempre vai aparecer a tentação de estacionar o carro e não fazer nada — afinal, a rua que nos leva a uma mudança de vida é cheia de sinais de "Pare", além de lugares para estacionar. Não pare, avance, continue crescendo na graça e no conhecimento. Deus tem grandes coisas para realizar!

99. NEM TODA PORTA ABERTA É PARA VOCÊ ENTRAR

> *"Você acha que eu não posso pedir ao meu Pai, e ele não poria imediatamente à minha disposição mais de doze legiões de anjos?"*
> Mt 26:53

Há muitos anos, houve grande greve na cidade de Boston. Um empresário, vendo a oportunidade de obter lucros com isso, negociou com o prefeito local, que lhe deu um cheque altíssimo para ele recolher todo o lixo da cidade. Pouco interessava o tipo de lixo que ele recolheria, o importante era o lucro.

Em busca de um lugar para despejar o lixo recolhido, ele navegou rumo à Europa, passou por Holanda, França e vários países à procura de um espaço adequado. Após meses de tentativas fracassadas, ninguém percebeu que no lixo havia um composto tóxico que foi o responsável por tirar a vida de todos os trabalhadores daquele navio.

Ora, assim acontece com muitos: negociam por lixo, olham apenas o lucro e não percebem que a vida está em jogo e que em instantes seremos sufocados exatamente por aquilo que desejamos!

Fazer a vontade de Deus, às vezes, é como Jesus disse a Pedro, quando afirmou que era necessário beber o cálice que Deus tinha reservado à Ele. Mesmo em agonia, Ele disse: *"Pai, se possível, afasta de mim esse cálice"* (Mateus 26:39). Mas mesmo assim Ele encontrou forças para responder: *"Seja feita a tua vontade!"*.

Precisamos entender que nem toda porta aberta é sinal de escape. Pedro tirou a espada e quis guerra, porém, Jesus lhe disse que poderia chamar doze legiões de anjos, ou seja, Jesus tinha uma porta de escape, mas sabia que ela não era a vontade de Deus. Nem toda porta aberta significa que eu devo entrar!

No centro da vontade de Deus, Jesus sentiu o Pai distante, porque nem sempre a chamada é feita de arrepios. Os trilhos dos quais andam um escolhido são de terras empoeiradas e de muito suor. Nem sempre os pés de um escolhido conseguem balançar com o lindo som de uma música empolgante, mesmo que o ritmo seja de alegria. Já os que trilham à procura de comodidade, certamente, estão no caminho errado, ou possivelmente dancem em qualquer ritmo de música, pois andam juntos com o pragmatismo religioso de nosso tempo.

100. O FIM!

"Ora, ao Rei dos séculos, imortal, invisível, ao único Deus seja honra e glória para todo o sempre. Amém!" 1 Tm 1:17

Dia 11 de setembro de 2015, foi a última vez em que conversei com meu irmão, de apenas 21 anos. Eu participava de uma conferência missionária em Moçambique, país da África. Já fazia alguns dias que não o via, ele estava numa dura batalha contra o câncer. Naquela sexta-feira, liguei para ver como ele estava e, quando me atendeu, foi logo dizendo: "Bro, essa é a última vez em que estamos conversando". Eu mandei ele parar de bobeira, pois na segunda-feira à noite eu já estaria em casa e tinha fé que Jesus lhe curaria. Mas ele continuou: "Sabe quando a Bíblia diz: *'Se a tua mão esquerda lhe escandalizar, arranca fora, pois é melhor entrar no céu sem as mãos do que tendo as duas ser lançado no inferno?'*. Sabe quando a Bíblia diz: *'Se o teu olho te escandalizar, tira fora, pois é melhor não os ter e ir para o céu'*. Pois é, Bruno, eu não entreguei apenas as mãos e os olhos, eu entreguei o corpo por completo, quero ir para o Céu."

Como você já deve imaginar, as lágrimas rolaram em meu rosto, pois eu senti que era a última vez em que estava falando com a pessoa em quem eu mais confiava nesse mundo! Quando ele percebeu a minha tristeza e choro, ele respirou fundo e disse: "Não fique triste por eu estar partindo, fique triste por você que está ficando; eu venci a minha guerra, vá vencer a sua e ensine o povo a vencer também!"

No domingo, dia 13 de setembro, meu irmão faleceu. Antes de partir ele pediu ao meu pai para cantar uma bela canção que o fazia lembrar do céu. *"Quão glorioso, cristão, é pensares..."* Quando minha esposa ligou para avisar que meu irmão tinha acabado de falecer, meu mundo desabou. Estava outro lado do mundo, a família toda espalhada, e o meu irmão indo para debaixo da terra. Naquele momento, liguei para o meu pai em desespero, não conseguia acreditar no que estava acontecendo. Temos a tendência de acreditar que a morte só acontece com quem está distante, nunca em nossa família. O que meu pai me disse foi um combustível sem limites. "Bruno, dentro da nossa casa há seis soldados, eu, sua mãe, seu irmão e suas duas irmãs. Um dos soldados venceu a guerra e já retornou para casa, agora resta a nós também vencermos a nossa batalha", afirmou ele.

Não quero que, com essa história, você venha a pensar que somos uma família perfeita, talvez seja o contrário disso tudo; somos cheios de erros e defeitos, mas entre tantas coisas algo sempre marcou a nossa casa: andar constantemente com um pé na eternidade.

Me lembro, desde a infância, ouvir os sermões de meu pai e de minha mãe. Eles sempre nos instruíam ter uma vida com Deus para um dia poder encontrá-Lo. A seriedade do Céu sempre esteve nos lábios de todos, e isso o meu irmão carregou sempre consigo. Em uma das fases da sua curta vida, ele se distanciou um pouco da casa de Deus, o desânimo bateu à porta; não é desculpa, mas é aquela fase dura de adolescentes filhos de evangélicos, e nessas fases ele sempre me dizia: "Bruno, peço todo dia misericórdia para Deus, pois eu não quero morrer em um acidente de repente e perder a salvação, eu prefiro morrer doente sabendo para onde estou indo." Eu agradeço a Deus por sua misericórdia, pois o Eterno concedeu o desejo do seu coração. Embora tenham sido os dias mais doloridos da minha vida, só tenho a agradecer por saber que ele venceu a guerra!

"Ora, ao Rei dos séculos, imortal, invisível, ao único Deus seja honra e glória para todo o sempre. Amém!" 1 Timóteo 1:17

1.

2. https://www.desiringgod.org/interviews/can-i-be-faithful-to-god-and-popular-at-school
3. https://en.wikipedia.org/wiki/Rosie_Ruiz
4. *Fanny J. Crosby: An Autobiography.* Hendrickson Publishers (January 1, 2015)
5. *Swindoll's Ultimate Book of Illustrations and Quotes: Over 1,500 Ways to Effectively Drive Home Your Message.* Charles Swindoll. Thomas Nelson (May 17, 2022)
6. *John (Reformed Expository Commentary)* P&R Publishing (June 8, 2017)
7. *Seeking Solace: The Life and Legacy of Horatio G. Spafford.* Samford University Press; First Edition (April 30, 2014)
8. *What If Jesus Had Never Been Born?* D. James Kennedy. Thomas Nelson; Revised edition (July 11, 2008)
9. *Mensagens Selecionadas de Charles Spurgeon.* Editora Alive 2018.
10. *Mensagens Selecionadas de Charles Spurgeon.* Editora Alive 2018.
11. *The One Year Book of Amazing Stories: 365 Days of Seeing God's Hand in Unlikely Places.* Robert Petterson. Tyndale Momentum (October 9, 2018)
12. *John (Reformed Expository Commentary)* P&R Publishing (June 8, 2017)
13. *Laugh Again.* Charles Swindoll. Thomas Nelson; Reprint edition (March 23, 1995)
14. *The 260 Journey: A Life-Changing Experience Through The New Testament One Chapter at a Time.* Tim Dilena. Book Villages (January 14, 2021)
15. *The One Year Book of Amazing Stories: 365 Days of Seeing God's Hand in Unlikely Places.* Robert Petterson. Tyndale Momentum (October 9, 2018)

16. *John (Reformed Expository Commentary) P&R Publishing (June 8, 2017)*
17. *https://www.theguardian.com/world/2007/jun/04/poland*
18. *The One Year Book of Amazing Stories: 365 Days of Seeing God's Hand in Unlikely Places. Robert Petterson. Tyndale Momentum (October 9, 2018)*
19. *Amazing Grace: 366 Inspiring Hymn Stories for Daily Devotions. Kenneth W. Osbeck. Kregel Publications; 2nd edition (September 15, 2010)*
20. *The 260 Journey: A Life-Changing Experience Through The New Testament One Chapter at a Time. Tim Dilena. Book Villages (January 14, 2021)*
21. *Great Lives: David. Charles R Swindoll. Thomas Nelson; 6/29/08 edition (November 23, 2010)*
22. *The 260 Journey: A Life-Changing Experience Through The New Testament One Chapter at a Time. Tim Dilena. Book Villages (January 14, 2021)*
23. *https://www.classical-music.com/articles/hallelujah-story-handel-s-messiah*
24. *The 260 Journey: A Life-Changing Experience Through The New Testament One Chapter at a Time. Tim Dilena. Book Villages (January 14, 2021)*
25. *The 260 Journey: A Life-Changing Experience Through The New Testament One Chapter at a Time. Tim Dilena. Book Villages (January 14, 2021)*
26. *O que me falta? Uma alma sedenta por mudanças. Edificando Vidas. 2019. Bruno Andrade*
27. *Um líder usado por Deus. Antonio Munhoz. (2008)*
28. *O que me falta? Uma alma sedenta por mudanças. Edificando Vidas. 2019. Bruno Andrade*
29. *What Does God Have to Say?: A Biblical Worldview from A to Z. Tim Dilena. Book Villages (December 11, 2023)*

30. *The One Year Book of Amazing Stories: 365 Days of Seeing God's Hand in Unlikely Places.* Robert Petterson. Tyndale Momentum (October 9, 2018)
31. *Testemunho pessoal do pregador.*
32. *The 260 Journey: A Life-Changing Experience Through The New Testament One Chapter at a Time.* Tim Dilena. Book Villages (January 14, 2021)
33. *Testemunho pessoal*
34. *John (Reformed Expository Commentary) P&R Publishing (June 8, 2017)*
35. *Swindoll's Ultimate Book of Illustrations and Quotes: Over 1,500 Ways to Effectively Drive Home Your Message.* Charles Swindoll. Thomas Nelson (May 17, 2022)
36. *John 2 (Reformed Expository Commentary) P&R Publishing (June 8, 2017)*
37. *All In: You Are One Decision Away From a Totally Different Life.* Mark Batterson. Zondervan; Reprint edition (January 20, 2015)
38. *John (Reformed Expository Commentary) P&R Publishing (June 8, 2017)*
39. *https://www.youtube. com/watch?v=cB8N88xJ0a c*
40. *Como viver acima da mediocridade.* Charles Swindoll. Editora Vida. 2015
41. *https://www.asbury.edu/outpouring/*
42. *Fresh Wind, Fresh Fire: What Happens When God's Spirit Invades the Hearts of His People.* Jim Cymbala. Zondervan; Enlarged edition (February 20, 2018)
43. *Testemunho pessoal.*
44. *In Every Pew Sits a Broken Heart: Hope for the Hurting.* Ruth Graham. Zondervan (May 18, 2009)
45. *Prayer 101.* Tim Dilena. Book Villages (2024)
46. *Becoming Elisabeth Elliot.* Ellen Vaughn. B&H Books; Illustrated edition (September 15, 2020)

47. *O que me falta? Uma alma sedenta por mudanças. Edificando Vidas.* 2019. Bruno Andrade
48. *John (Reformed Expository Commentary)* P&R Publishing (June 8, 2017)
49. *Smith Wigglesworth on the Holy Spirit.* Whitaker House (January 1, 1999)
50. *A Guerra Contra Deus. Edificando Vidas.* (Junho 2016) Bruno Andrade.
51. https://leaderpost.com/feature/elon-musk-inherited-a-lifetime-of-adventure-from-his-sask-family
52. https://www.youtube. com/watch?v=GMWQnoDA0o8
53. *The Great Welsh Revival.* Darrel D King. Bridge-Logos Publishers (November 1, 2014)
54. *Swindoll's Ultimate Book of Illustrations and Quotes: Over 1,500 Ways to Effectively Drive Home Your Message.* Charles Swindoll. Thomas Nelson (May 17, 2022)
55. *Laugh Again.* Charles Swindoll. Thomas Nelson; Reprint edition (March 23, 1995)
56. https://www.youtube. com/watch?v=7kROQtdpAto
57. *John (Reformed Expository Commentary)* P&R Publishing (June 8, 2017)
58. *John: An Expositional Commentary.* R.C. Sproul. Ligonier Ministries (October 29, 2019)
59. *O que Aconteceu com a Adoração?* A.W. Tozer. Editora Vida. 1994.
60. *All In: You Are One Decision Away From a Totally Different Life.* Mark Batterson. Zondervan; Reprint edition (January 20, 2015)
61. *The 260 Journey: A Life-Changing Experience Through The New Testament One Chapter at a Time.* Tim Dilena. Book Villages (January 14, 2021)
62. *Full Surrender.* J. Edwin Orr. Enduring Word (September 22, 2017)

63. *John (Reformed Expository Commentary) P&R Publishing (June 8, 2017)*
64. *Swindoll's Ultimate Book of Illustrations and Quotes: Over 1,500 Ways to Effectively Drive Home Your Message. Charles Swindoll. Thomas Nelson (May 17, 2022)*
65. *What Does God Have to Say?: A Biblical Worldview from A to Z. Tim Dilena. Book Villages (December 11, 2023)*
66. *Testemunho pessoal*
67. *Testemunho pessoal, ouvido.*
68. *The Sensitivity of the Spirit. R.T. Kendall. Charisma House (March 12, 2002)*
69. *Um líder usado por Deus. Antonio Munhoz. (2008)*
70. *A Cruz e o Punhal. David Wilkerson. BETANIA (January 1, 1995)*
71. *Just As I Am: The Autobiography of Billy Graham. HarperOne; First Edition (April 10, 1997)*
72. *The One Year Book of Amazing Stories: 365 Days of Seeing God's Hand in Unlikely Places. Robert Petterson. Tyndale Momentum (October 9, 2018)*
73. *O que me falta? Uma alma sedenta por mudanças. Edificando Vidas. 2019. Bruno Andrade*
74. *José, obedecendo princípios e vivendo promessas. Bruno Andrade. Edificando Vidas. 2024*
75. *https://www.cslewisinstitute.org/resources/reflections-april-2015/*
76. *John (Reformed Expository Commentary) P&R Publishing (June 8, 2017)*
77. Espírito de Jezabel — *John (Reformed Expository Commentary) P&R Publishing (June 8, 2017)*
78. *The Autobiography Of George Muller. Whitaker House; Revised, Updated edition (February 1, 1996)*
79. *https://en.wikipedia.org/wiki/Juan_Ponce_de_León*

80. *The Works of D. L. Moody, Vol 1: Overcoming Life, Secret Power, Prevailing Prayer.* Moody Press; Fifth Printing edition (January 1, 1977)
81. *The Life of A.W. Tozer: In Pursuit of God.* James Snyder. Bethany House Publishers; Illustrated edition (February 16, 2009)
82. *O problema da dor.* C.S. Lewis. FisicalBook (January 1, 2019) *A Grief Observed.* C.S. Lewis
83. *A Guerra Contra Deus.* Edificando Vidas. (Junho 2016) Bruno Andrade.
84. *Desmascarando O Espírito De Jezabel.* John Paul Jackson. DANPREWAN; edition (January 1, 2004)
85. *A Guerra Contra Deus.* Edificando Vidas. (Junho 2016) Bruno Andrade.
86. *The Life of A.W. Tozer: In Pursuit of God.* James Snyder. Bethany House Publishers; Illustrated edition (February 16, 2009)
87. *Falling Into Greatness.* Dr Lloyd John Ogilvie. Thomas Nelson Publishers (December 1, 1984)
88. *Swindoll's Ultimate Book of Illustrations and Quotes: Over 1,500 Ways to Effectively Drive Home Your Message.* Charles Swindoll. Thomas Nelson (May 17, 2022)
89. *O que me falta? Uma alma sedenta por mudanças.* Edificando Vidas. 2019. Bruno Andrade
90. *O que me falta? Uma alma sedenta por mudanças.* Edificando Vidas. 2019. Bruno Andrade
91. *The One Year Book of Amazing Stories: 365 Days of Seeing God's Hand in Unlikely Places.* Robert Petterson. Tyndale Momentum (October 9, 2018)
92. *Lectures In The Lyceum: Or Aristotle's Ethics For English Readers* (1897
93. *O que me falta? Uma alma sedenta por mudanças.* Edificando Vidas. 2019. Bruno Andrade
94. *https://www.bbc.com/news/world-europe-44661322*
95. *Testemunho pessoal*

96. *O que me falta? Uma alma sedenta por mudanças. Edificando Vidas. 2019. Bruno Andrade*
97. *David Wilkerson: The Cross, the Switchblade, and the Man Who Believed. Gary Wilkerson. Zondervan; Illustrated edition (September 2, 2014)*
98. *https:// www. YouTube.com/watch?v=TfSGzSDoOR w*
99. *O que me falta? Uma alma sedenta por mudanças. Edificando Vidas. 2019. Bruno Andrade*
100. https://www.desiringgod.org/
101. *A Guerra Contra Deus. Edificando Vidas. (Junho 2016) Bruno Andrade.*

Made in the USA
Columbia, SC
23 June 2024

ac174a16-a184-4234-84b2-05fb81b94e27R01